Perredistas al Poder

Erick Guerrero Rosas

Perredistas al Poder

Editorial Diana
México

1a. Edición, Diciembre de 2005
3a. Impresión, Febrero de 2006

DERECHOS RESERVADOS
©

ISBN 968-13-4172-4

Diseño de portada: Salvador Martínez

Copyright © 2005 por Erick Guerrero Rosas.

Copyright © 2005 por Editorial Diana, S. A. de C. V.
Arenal No. 24, Edificio Norte,
Ex Hacienda Guadalupe Chimalistac,
01050, México, D. F.
www.diana.com.mx

IMPRESO EN MÉXICO – PRINTED IN MEXICO

Prohibida la reproducción total o parcial sin
autorización por escrito de la casa editora.

*Para mis hijos que tanto adoro,
por los momentos felices*

*A don Andrés Manuel López Obrador,
con el deseo sincero de que tenga éxito en
su sexenio en caso de ganar las elecciones,
y con la esperanza de que no cometa los
mismos errores que han cometido tantos
populistas en América Latina...
por el bien de México*

Contenido

Advertencia 9

I. La fuerza de López Obrador 13
   El desencanto con la democracia 13
   Nostalgia por el autoritarismo 17
   El mito del *voto razonado* 22
   La mercadotecnia de las emociones 32

II. ¿Por qué le tienen miedo? 39
   Su populismo 39
   Su pasado en las calles 50
   Su estilo autoritario 54
   Experiencias traumáticas 58
      a) Salvador Allende (Chile, 1970-1973) 58
      b) Alan García (Perú, 1985-1990) 62
      c) Hugo Chávez (Venezuela, 1999-?) 65
   Los prejuicios de clase 72

III. ¿Realmente es un peligro? 79
   "El petate del muerto" 79
   Los "camaleones" modernos 81

Contenido

    a) Patricio Aylwin (Chile, 1990-1994) 84
    b) Carlos Saúl Menem (Argentina, 1989-1999) 88
    c) Alberto Fujimori (Perú, 1990-2000) 92
    d) Luis Ignacio Lula da Silva (Brasil, 2003-?) 98
¿Por qué se transforman? 106
El poder de la globalización 111
El contexto político 117
    a) El programa de López Obrador 118
    b) Gobernar sin mayoría 122
    c) Un Banco Central independiente 125
    d) El papel de EU 129

IV. Las verdaderas amenazas 133
    La especulación en los mercados........... 135
    Los precios del petróleo.................. 140
    Las reservas de divisas 150
    La política social 156

V. Conclusiones: Los candados al populismo ... 163
    Las reformas necesarias................... 166
    Combatir las desigualdades sociales 171
    ¿Sirve de algo el populismo?.............. 175

Notas 181

Advertencia

En México contamos con expertos muy brillantes; personalidades sobresalientes que tienen una sólida preparación y experiencia. Por desgracia algunos de ellos, a pesar de la profundidad de sus conocimientos, poco han podido contribuir para lograr un verdadero cambio en la sociedad. Una de las razones más importantes, a mi parecer, es que no pueden o no quieren librarse de la soberbia intelectual. Acusan de *simplista* a todo aquel que intenta comunicarse en términos sencillos con el público. Desacreditan su trabajo. No logran poner en práctica el célebre principio que asegura que las grandes transformaciones son precedidas por grandes cambios en las ideas; que hace falta divulgar el conocimiento.

Pocos especialistas se preocupan realmente por conectarse con el votante, uno de los protagonistas más importantes de las democracias modernas. Estemos o no de acuerdo con su pensamiento, un ejemplo célebre en este sentido es el doctor Milton Friedman, laureado con el Premio Nobel de Economía en 1976.

Friedman tiene una facilidad impresionante para transmitir sus ideas y cautivar al público. Raro en alguien que realizó estudios del más alto nivel, con fórmulas matemáticas incluso. Autor del libro *Libertad de elegir*, hizo una serie de programas para la televisión de EU en la década de los setenta con el fin de divulgar los principios del libre mercado y la propiedad privada en forma amena e interesante. Su objetivo era sensibilizar a la gente.

¿El resultado? Logró una gran influencia, al grado que podría decirse que preparó la plataforma ideológica que sirvió de base para las políticas de apertura, libre comercio y privatización que aplicaron numerosos gobiernos desde la década de los ochenta. Los videos de su programa se vendieron por miles. Desafortunadamente, estos casos son la excepción, no la regla.

En México es frecuente escuchar que algunos intelectuales se quejan amargamente de que el público no los comprende ni valora su trabajo, pero... *¿cómo los van a comprender si no saben comunicarse, si los miran con desprecio y se refieren a ellos como "la masa inculta"?*

En las elecciones de 2003 un grupo de destacados especialistas, "de grueso calibre", amenazaron con abandonar las filas del PRD. Publicaron grandes desplegados en los diarios de mayor circulación del país, anunciando que emigraban al partido México Posible, de reciente creación. Parecía que abrirían un enorme hueco y que los seguirían miles de votantes, pero el chasco que se llevaron fue grande: México Posible no logró mantener el registro; no alcanzó ni siquiera el 2%, el mínimo de la votación requerida. Ese fue tristemente su poder de convocatoria, fiel reflejo de la soberbia intelectual que los separa del votante.

Advertencia

El día que esos expertos realicen un esfuerzo serio por divulgar sus ideas, por presentarlas en forma amena e interesante en los medios de comunicación, realizarán una gran contribución al cambio. Una contribución todavía mayor a la valiosa aportación que ya realizan al país.

Esto viene a colación para aclarar una cosa: el presente ensayo es de divulgación. Una aproximación muy elemental al complicado tema del populismo. Su objetivo es poner al alcance del público los riesgos que se pueden enfrentar. Para agilizar al máximo su lectura, he decidido eliminar del texto principal la mayor parte de las citas de los trabajos de los expertos. Sólo conservo las que me parecieron indispensables.

Para los exigentes, esas citas textuales las podrán encontrar al final, en las notas. Ahí también se incluyen referencias bibliográficas para quien desee profundizar en el tema, porque a pesar de su sencillez, este trabajo está apoyado no sólo en juicios o experiencias personales, sino también en muchas horas de investigación.

Capítulo I

La fuerza de López Obrador

El desencanto con la democracia

Andrés Manuel López Obrador (AMLO) llegó como candidato oficial del PRD en su mejor momento: número uno en las encuestas, varios puntos de ventaja sobre sus adversarios, fortalecido después de un intento fallido por eliminarlo de la carrera presidencial (desafuero) y el político mejor posicionado en la mente del público en todo el país.[1] ¿Qué le ha dado esa fuerza? ¿Por qué entre más lo atacan sus enemigos más aumenta su popularidad?

Uno de los factores, sin duda, es la gran decepción que se vive en el país. Casi nadie cuestiona que Vicente Fox como candidato fue extraordinario: supo explotar la necesidad de cambio de las masas, entusiasmarlas, cautivarlas para sacar al PRI de Los Pinos. Pero como gobernante, la sensación que flota en el ambiente es que la silla presidencial le quedó grande, muy grande.

Entre los decepcionados no sólo está el hombre de la calle. No... también gente muy cercana a él, miembros de lo que Fox llamó pomposamente algún día como "el gabinetazo". Uno de esos casos fue el de Adolfo Aguilar Zínser, destacado abogado, antiguo militante del PRD y miembro de una distinguida familia de rancio abolengo. Se desempeñó como representante de México ante la ONU.

En una entrevista que concedió al periódico *The Washington Post* de los EU, poco antes de morir trágicamente en un accidente automovilístico, Aguilar Zínser aceptó que, efectivamente, la mercadotecnia foxista fue sensacional. "El producto era un bigote, un sombrero, un cinturón, las botas y un nombre de marca. Todo se identificaba con una botella, una botella de Coca-Cola. Y Fox se sentía muy a gusto siendo una botella."

Pero una vez enfrentado con el reto de gobernar... Fox pareció repentinamente inseguro de su papel e incapaz de tomar el poder de la presidencia en sus manos. *"En un principio no quisimos aceptarlo, pero cuando vimos dentro de la botella dijimos: 'Dios mío, está vacía'"*, dijo Aguilar Zínser.[2]

Si usted sale a la calle a preguntarle a la gente qué prefiere, casi siempre le van a decir que es mejor vivir en libertad que bajo un régimen autoritario. Pero lo cierto es que, aunque la prefieren, en el fondo están decepcionados de la democracia porque esperaban mucho más de ella. Después del gran entusiasmo que mostraron los votantes en la histórica jornada electoral aquel domingo 2 de julio del año 2000, de desear por años y años la llegada de la alternancia, ahora están inconformes. Se acabó la magia. Diversos estudios así lo confirman.

La fuerza de López Obrador

Desde mediados de sexenio, en 2003, la Secretaría de Gobernación dio a conocer los resultados de una encuesta sobre "Cultura política y prácticas ciudadanas". Ante la pregunta de: "¿Qué tan satisfecho está usted con la democracia que tenemos hoy en México?", el 61%, dos terceras partes de los entrevistados, ya desde entonces se declararon "poco o nada satisfechos".[3]

Esta sensación de vacío es peligrosa. Cuando las masas están decepcionadas, desesperadas, empiezan a sentir la necesidad de creer en algo nuevo, producto de nuestra muy humana tendencia a buscar siempre cobijo y protección bajo la sombra de un líder; aparecen las voces que exigen mano dura para resolver todos los problemas o poner orden en medio del caos; los que anhelan la llegada de un redentor que tenga más "carácter" o más "pantalones" y que sea capaz de enderezar el rumbo del país.

Los historiadores lo saben bien: candidatos de corte radical son capaces de alcanzar el poder en circunstancias extraordinarias; al amparo de crisis económicas o políticas, logran resultados que probablemente no alcanzarían jamás en momentos de paz, estabilidad y progreso.

Cuando en la primera mitad del siglo XX tomaron fuerza en todo el mundo las dictaduras, el filósofo español José Ortega y Gasset advirtió que se estaba viviendo una época de decadencia y pérdida de la fe; época en que las masas, con ánimo servil, en busca de un amo, se dejaban atraer por las promesas más absurdas.[4]

Un ejemplo extremo es Hitler, a quien algunos llamaron "el hijo de la inflación". Votantes empobrecidos de clase media lo llevaron al poder cuando el caos económico en

Alemania se hizo insoportable: en 1923 una llamada de teléfono llegó a costar 7500 millones de marcos y un litro de leche descremada 8600. El tipo de cambio se disparó a 4 billones de marcos por un dólar. Y cuando las autoridades frenaron el caos, tuvieron que borrarle 12 ceros a la moneda. ¿Usted se imagina lo que eso significa?[5]

En ese ambiente de desempleo y frustración, cuando la gente regresó al trueque y pagaba la entrada al cine con pedazos de carbón, subió como la espuma el *"Führer"*, un desconocido, proveniente de una modesta familia de clase media, que no había terminado ni siquiera sus estudios de secundaria, agitador profesional que poco antes pisó la cárcel y a quien pocos le hubieran augurado años atrás éxito en la política.[6]

Como dice Adam Fergusson, "La inflación agravaba todas las situaciones, sofocaba cualquier esperanza de recuperación o de éxito individual, y proporcionaba el caldo de cultivo para que los extremistas de uno y otro lado lanzaran a la multitud contra el Estado, clase contra clase, raza contra raza, familia contra familia, marido contra mujer, y al campo contra la ciudad... La inflación destapó lo peor de las personas... promovió el desprecio por la autoridad, la subversión de la ley y el orden... Todo era como una locura, y consiguió que la gente se volviera loca".[7]

Imagínese usted que tan peligroso era el ambiente, que uno de los economistas más célebres de todos los tiempos, el inglés John Keynes, pronosticó, preocupado, que si Inglaterra y sus aliados le imponían como castigo pagos desorbitados por daños de guerra a Alemania, podría desatarse una aguda crisis y este país caería entonces víctima de la desesperación en manos de una dictadura, lo que alimentaría el deseo de venganza y por lo tanto, la Segunda Guerra Mundial. Lo dijo en 1919.[8]

Con este ejemplo no le quiero decir, amigo lector, que vamos a vivir exactamente lo mismo en México. Sería en verdad absurdo... descabellado. Pero lo que sí quiero decirle es que el ambiente de frustración que en la actualidad se vive en nuestro país, favorece la llegada al poder de un candidato de corte populista en 2006. La mesa está puesta, señores, porque bien dicen por ahí que *la necesidad tiene cara de hereje.*

Populistas como Juan Domingo Perón en Argentina, Alan García en el Perú, Salvador Allende en Chile, Abdalá Bucaram en Ecuador y otros más, llegaron al poder en un ambiente de decepción, alto desempleo y desprestigio de los partidos políticos. Fueron líderes que crecieron en medio de la tormenta, o más bien, gracias a ella.

Nostalgia por el autoritarismo

Otro de los factores que explican la fuerza y popularidad de López Obrador es la imagen que proyecta en la toma de decisiones. Dicen que para muestra basta un botón. Un votante decepcionado, por lo general, está dispuesto a apoyar a candidatos agresivos, con perfil autoritario. Si no me cree, vea conmigo los resultados de una encuesta de Latinobarómetro, una de las firmas de consultoría más prestigiadas a escala internacional.

Imagínese que usted es encuestador y un buen día sale a la calle para hacer un reporte sobre México. Es el año 2004.

¿Qué sentiría si la gente le confiesa que: "Yo sí estaría dispuesto a votar por un candidato no democrático"... "¿Perdón?", diría usted... "Sí, yo le daría mi voto a alguien aunque no fuera demócrata"... ¿Qué quiere decir esto?

Por increíble que parezca, que hay personas en México que estarían dispuestas a votar por un gorila militar tipo Hugo Chávez como sucedió en Venezuela, a llevar al poder a un "loco" como Bucaram en Ecuador, a votar por un genocida como Ríos Mont en Guatemala, un populista como Fujimori en el Perú, o un demagogo como Menem en Argentina, sin importarles las consecuencias y sin ninguna clase de remordimiento.

¿La razón de semejante locura? Que ese candidato "sea capaz de resolver los problemas económicos", que son los que más preocupan y tienen angustiada a la gente. Esa fue precisamente la pregunta que hizo Latinobarómetro: "No me importaría que un gobierno no democrático llegara al poder, si pudiera resolver los problemas económicos". Y el 67% de los encuestados respondió: "De acuerdo".[9]

Hay quien dice que esa encuesta no es válida, que no puede tomarse en serio o que no sirve porque la pregunta es mañosa, está mal planteada. "¡Claro que si alguien me asegura que el candidato *fulanito de tal* es capaz de darme empleo, mejorar mi nivel de vida y resolver mis problemas económicos, por supuesto que le doy mi voto sin pensarlo... claro que sí... elemental, mi querido Watson!", me dijo un senador que no creyó en la encuesta y quiso desacreditarla.

Sin embargo, lo único que demostró ese personaje fue ignorancia: hay suficiente evidencia empírica para demostrar que cuando un país pasa del autoritarismo a la democracia y viene la decepción, surge en algunas personas una especie de nostalgia por el pasado, cierto peligro de *regresión*. No es fácil quitarnos de la mente tantos años de autoritarismo; son como estacas que están muy clavadas en la mente, bien atrincheradas en nuestra cultura política... y en el inconsciente, por supuesto. Después de todo, desde los aztecas hasta nuestros días, han sido pocas y muy cortas las ocasiones en que vivimos bajo un régimen democrático.

Esos experimentos fracasaron y terminamos por regresar al autoritarismo. En México jamás hemos tenido una democracia bien consolidada. De hecho algunos observadores dicen que en ningún otro continente del mundo hemos fallado tantas veces en imitar a los países ricos, como en América Latina.[10]

Por eso también, a la más mínima provocación, amenazan con salir a flote esas tendencias autoritarias. No sé si a usted le haya ocurrido, pero esa nostalgia por el pasado la reflejan algunas personas cuando en las charlas de café dejan a todo mundo con el ojo cuadrado cuando se atreven a decir: "Ahora estamos peor que antes... los del viejo régimen eran muy corruptos, pero creo que no estábamos tan mal".

Insisto: este fenómeno es conocido desde hace mucho tiempo. Si hace más de 15 años usted le hubiera preguntado a los expertos qué podría pasar en México el día que el PRI perdiera el poder, que llegara la alternancia, ellos le habrían advertido que cuando cae un sistema autoritario, si los nuevos gobiernos no son capaces (por las razones que usted quiera) de aumentar el crecimiento económico para generar empleos, entonces fuerzas retrógradas, antidemocráticas (de derecha o de izquierda), podrían aprovechar el descontento para aumentar su influencia. Se levantan milagrosamente del ataúd en el que parecían estar enterrados para siempre y entonces empiezan a ganar, otra vez, las elecciones.[11]

El patrón clásico es casi siempre el mismo: cuando la gente está "harta" de un régimen autoritario que es muy corrupto y empobreció a la gente con fuertes crisis económicas, crece la necesidad de cambio. Entonces aparece un líder carismático que detecta la oportunidad. Para entusiasmar a las masas arma una campaña electoral muy agresiva, llena de buen *marketing*, donde promete *las perlas de la virgen*.

El público se entusiasma y el candidato obtiene un gran triunfo; arrasa en las elecciones, cuando la transición se logra pacíficamente.

Ese día se desborda la alegría en las calles y se anuncia la llegada de una nueva era. Pero como no es fácil llenar el hueco que dejó la caída de un régimen autoritario, vienen los malos resultados económicos, el desempleo, los escándalos políticos, los enfrentamientos, venganzas entre partidos y desde luego la decepción, que en la literatura política se conoce técnicamente como etapa de *desilusión democrática*.

Y es cuando el votante empieza a desear en el fondo de su alma que llegue alguien con fuerza. A pensar que un poco de *mano dura* quizá no vendría mal.[12]

Cuando al senador priísta Enrique Jackson le preguntaron por qué quería ser presidente, respondió: "Porque

México necesita un presidente que ponga orden en este país".[13]

Como señalan algunos analistas por ahí, la mercancía del "cambio" ya no vende. Por eso le ha ido tan mal al PAN en algunas elecciones. La decepción ya no le permite a la gente creer en eso; esperan ahora otra cosa. Y López Obrador, con la viveza que lo caracteriza, se dio cuenta de esto desde hace ya bastante rato. Por eso actúa en forma autoritaria y ofrece "decisiones firmes". Con toda intención trata de proyectar una imagen fuerte, porque eso es precisamente lo que le gusta a la gente... eso es lo que están esperando millones de votantes.[14]

El problema del culto al caudillo, de la eterna espera del *salvador de la patria,* se agrava en América Latina por una triste realidad: en nuestros países nos cuesta mucho trabajo mantener a flote la democracia por la existencia de grandes desigualdades sociales, altos niveles de pobreza y marginación, así como de bajos niveles educativos.

Imagínese: un estudio reciente sobre conductas electorales demostró que las personas que gozan de altos niveles de ingresos y educación, que se dedican básicamente a actividades profesionales, por lo general tienden a votar más por candidatos que apoyan reformas económicas y políticas para ampliar las libertades civiles, fomentar el crecimiento y consolidar la democracia. Son personas que apoyan la apertura de mercados y la globalización.

Pero aquellos que tienen bajos niveles de ingreso, que viven en la pobreza, que cuentan con muy poca o nula instrucción (o de mala calidad) y trabajan básicamente en actividades manuales, por lo regular son más propensos a votar por candidatos populistas, por líderes mesiánicos que ofrecen dádivas, ayudas o soluciones espectaculares. Son personas que apoyan el proteccionismo y se inclinan más, en términos generales, por el autoritarismo. Triste, pero cierto. Y es aquí, precisamente, donde se encuentra el mayor número de votantes.[15]

Esto lo está aprovechando Andrés Manuel López Obrador; los vientos soplan a su favor. Así como Vicente Fox explotó la necesidad de cambio en el 2000, así también López Obrador está dispuesto a no dejar pasar la oportunidad de ofrecerle a los votantes independientes e indecisos lo que están esperando para "corregir el rumbo": mano dura, un candidato popular surgido de las masas que esté dispuesto a enfrentarse a las élites para lograr un verdadero cambio, en un ambiente marcado todavía por un agudo desempleo, desencanto y frustración.

Los pasos del tabasqueño son calculados; nada de lo que hace sucede por casualidad, pues él, igual que Fox en su momento, es todo un maestro en el manejo de la mercadotecnia de las emociones; en el arte de ligarse sentimentalmente a las masas.

Y aquí reside, precisamente, otro de los grandes factores que ayudan a entender por qué López Obrador ha tomado tanta fuerza como candidato: la ausencia del voto razonado.

El mito del *voto razonado*

Mayo 7, 2004. El auditorio de la Escuela de Graduados en Gerencia Política de la Universidad George Washington de los Estados Unidos, localizada en la capital del imperio, en Washington, D.C. (considerada por la revista *Newsweek* y por el *New York Times* como la universidad más prestigiada de la Unión Americana, donde se reúne la crema y nata en cuestiones de *marketing* político y estrategias electorales), está prácticamente lleno. Los asistentes, ansiosos. Algunos, inquietos, se remueven en sus asientos.

Un candidato presidencial, un ex gobernador, diputados, senadores, alcaldes, funcionarios públicos, ministros y asesores de distintos gobiernos de América Latina, esperan la llegada del doctor Frank Greer.

La expectación que provoca no es para menos: el señor es uno de los estrategas electorales más famosos del mundo. Manejó las campañas de Bill Clinton en 1992 y 1996, consideradas como las más exitosas de las últimas décadas, así como la de Nelson Mandela en Sudáfrica, entre otros personajes. Es socio fundador de GMMB (Greer, Margolis, Mitchell & Burns), probablemente la firma más influyente de consultoría política de los EU.

Cuando Greer se planta frente a la audiencia, inicia su presentación lanzando una advertencia: "Señores, si alguno de ustedes quiere tener una campaña electoral exitosa, debe empezar por lo más simple, por lo más elemental... grábense este principio básico: al votante no se le llega al cerebro con propuestas muy elaboradas o sofisticadas... al votante más bien hay que apuntarle al corazón... sacudirlo... llegarle al sentimiento... hay que desatar pasión... aquel candidato que no sea capaz de hacerlo, está perdido... va directo al fracaso".[16]

Esas palabras me provocan un profundo impacto. Cuando las escucho, quedo sorprendido. Me cuesta trabajo entenderlo. "No puede ser" es mi primera reacción.

Esto choca con mis creencias más arraigadas sobre el tema. Me rompe todo el paradigma. *"¿Cómo está eso de que al votante hay que llegarle al corazón y no al cerebro?... ¿Dónde demonios quedan entonces el voto razonado, las propuestas de gobierno, las grandes reformas que necesita el país, el debate de altura durante las campañas?... ¿Dónde?"*

Pero aunque me cuesta trabajo, poco a poco lo voy asimilando. Conforme escucho a otros expertos en esa sesión y en otras que tienen lugar en el mismo auditorio de la Universidad George Washington a lo largo de 2004-2005, amplío mis propias investigaciones, me entrevisto con candidatos, asesores y políticos, observo las campañas de México y otras partes del mundo, quedo convencido de algo muy amargo: el *voto razonado* no existe para millones de personas. Es un mito. O si se quiere ver de otra manera, es privilegio de una delgada, muy delgada franja de votantes. Privilegio de gente informada, crítica, que está enterada y al tanto de los sucesos económicos y políticos... es decir, de unos cuantos. El resto, tristemente (el que inclina la balanza en las votaciones hacia uno u otro partido o candidato), suele ser bastante más pasional.

El problema es que algunos estudiosos se niegan a aceptar esta realidad. Tienden a contemplar el mundo electoral desde un punto de vista ideal, utópico. Sumergidos en su torre de marfil, creen que el votante debería votar comportándose como si fuera sociólogo, economista, filósofo, antropólogo o politólogo. Pero la realidad es bien diferente... mucho más imperfecta.

Si vemos las cosas fríamente, como son y no como nos gustaría que fueran, tenemos que aceptar que la mayoría de los ciudadanos están desinformados acerca de los asuntos políticos. Que no tienen ni la más remota idea acerca de los grandes temas. Como se dice en términos coloquiales, de política o economía *no entienden ni papa* o simple y sencillamente no les interesa.[17]

Seamos sinceros: ¿cuánta gente de la que usted conoce a su alrededor analiza a fondo los programas de los candidatos? ¿Cuántos de ellos se toman la molestia de leerlos o siquiera los conocen? ¿Cuántos tienen el rigor analítico para poder distinguir las consecuencias de una propuesta o cuándo una es mejor que la otra, la preparación para interpretar los datos correctamente?

Más aún: ¿quién tiene la cabeza fría para elegir racionalmente, para identificar la mejor opción y votar por un candidato aunque su apariencia le provoque rechazo o su forma de ser no le simpatice? ¿Para apoyarlo aunque no convenga a sus intereses, buscando siempre "lo mejor"? Casi nadie, amigo lector, casi nadie... la verdad. Las razones del voto en ocasiones pueden rayar en el absurdo.

¿Se acuerda usted de las elecciones del Estado de México en julio de 2005? El candidato del PAN, Rubén Mendoza Ayala, según las encuestas más creíbles, inició su campaña sacándole una ventaja de aproximadamente 10 puntos porcentuales al candidato del PRI, Enrique Peña Nieto, el "delfín" del entonces gobernador Arturo Montiel.

Perredistas al poder

Todavía unos días antes de la elección vi a Rubén Mendoza en el estudio del noticiero *Hechos* de TV Azteca. Lo entrevistó mi compañero Javier Alatorre. Iba en una actitud, a mi parecer, bastante demagógica y populachera: haciendo la "V" de la victoria con ambas manos, repitió varias veces a los camarógrafos: "Ya ganamos, ya ganamos".

Sin embargo, al final de la jornada el PAN se llevó una derrota desastrosa; les propinaron una auténtica *paliza*. El PRI les sacó casi 23 puntos porcentuales de ventaja. Las razones del fracaso fueron muchas: un elevado abstencionismo que favoreció a la maquinaria electoral priísta, fracturas graves al interior del PAN que provocaron que algunos militantes trabajaran a favor de la oposición y en contra del candidato de su propio partido, pleitos con el equipo de la señora Martha Sahagún, la esposa del presidente (lo que provocó que le retiraran el apoyo desde Los Pinos), crecimiento de la votación de la candidata del PRD, Yeidckol Polevnsky, en detrimento del PAN más que del PRI, y desatinos graves de Rubén Mendoza Ayala, quien terminó por convertirse él mismo en su peor enemigo al realizar una pésima campaña, entre otras cosas.

Pero dentro de las causas de la derrota, por supuesto que no podía faltar el voto sentimental. Cuando un medio de comunicación realizó sondeos sobre la importancia del voto de las mujeres, un reportero se acercó a un ama de casa y preguntó: "¿Por quién votó usted?"..."Por Peña Nieto", fue la respuesta..."¿Las razones de su voto?", inquirió el reportero en tono solemne... *"La verdad... porque está muy guapo",* confesó un tanto ruborizada la señora.

Este incidente, que para algunos puede sonar increíble, una herejía, una simple anécdota de la que sería temerario sacar conclusiones generales, un caso de folclor aislado sin mayores consecuencias, es sin embargo más común de lo que usted se imagina.

El candidato del PAN se vio obligado incluso a decir, en cuanto mitin se presentaba, que él era feo, chaparro, de labios gruesos, como el pueblo. "Él es niño bien, pero yo sé gobernar bien" fue el eslogan que tuvo que armar sobre la marcha su equipo de campaña para tratar de contrarrestar esa desventaja.

Sin embargo, ojo, mucho ojo, amigo lector: no estoy diciendo que los votantes sean una especie de tarados o de retrasados mentales que sean fácilmente manipulables; no, para nada. Esto del voto emocional, en esencia, no se refiere a la capacidad intelectual de las personas, sino más bien a la cantidad de información que poseen para interpretar los acontecimientos y tomar decisiones... se refiere al tipo de respuestas que dan los votantes frente a los acontecimientos o estímulos políticos y que básicamente son de tipo emocional.

"En un sentido muy real", dice Daniel Goleman, autor del best-seller *La inteligencia emocional,* "tenemos dos mentes, una que piensa y otra que siente. Estas dos formas interactúan para construir nuestra vida mental... Pero cuando aparecen las pasiones, la balanza se inclina: es la mente emocional la que domina y aplasta a la mente racional."[18]

Quizá por ello es que prestigiados estrategas electorales de orden mundial como el ecuatoriano Jaime Durán, que ha ganado alrededor de 100 campañas electorales en distintos países, aseguran que en la práctica la gente tiende a votar *con el corazón*; es decir, de acuerdo con sus sentimientos. Un ejemplo: puede darse el caso de un candidato prudente, bien preparado, con buenos antecedentes, pero aun así habrá personas que no estén dispuestas a votar por él. ¿La razón? *Un simple "no sé... no me late".*

De ahí que la percepción que tenga la gente suele ser crucial para una campaña, en ocasiones incluso más que lo que se dice, el programa de gobierno o las propuestas. La credibilidad puede resultar clave. "Si no eres conocido y no tienes credibilidad, estás perdido", me han dicho varios políticos cuando les pido que me mencionen dos ingredientes que a su juicio debe tener un buen candidato.

Le voy a platicar algo que me sucedió al respecto. Una ocasión me invitaron a dar una conferencia en la sierra del estado de Hidalgo, dos horas adelante de la capital, Pachuca. Al pasar por uno de tantos poblados, alguien me dijo: "Aquí perdió el candidato del PRI por un error de *marketing*". "Ah caray, a ver, a ver, cómo está eso, platícame", le solicité. "Sí, aquí el candidato tapizó todo el pueblo con su fotografía donde aparecía con una amplia sonrisa"…"¿Y eso qué tiene de malo?", pregunté. "Nada, lo malo no fue eso sino su lema de campaña. Decía: 'Porque tú ya lo conoces'. Y precisamente por eso, porque ya lo conocemos, porque ya sabemos cómo es, no quisimos votar por él." Caso típico de un candidato sin credibilidad.

Y al revés: puede darse el caso de un auténtico gángster, hábil para las relaciones públicas, que sea un bribón para tomarle el pelo a la gente, que tenga una amplia red clientelar basada en favores o tráfico de influencias y los votantes lo sigan sin importar su pasado o sus negros antecedentes. "Digan lo que digan yo voy a votar por fulanito de tal", puede ser una expresión típica en estos casos, que equivale a decir simplemente: "Imposible razonar conmigo".

De acuerdo con los consultores políticos, la gente también tiende a votar *con el hígado*; es decir, de acuerdo con sus resentimientos. Puede bastar con no haber cumplido con alguna promesa hecha a título personal, en corto, para echar a perder un voto, o puede bastar con negarse a estrechar la mano de alguien o no darle una sonrisa, o no conceder una entrevista para automáticamente convertirlo en su enemigo.[19]

"Este desgraciado me las va a pagar. Voy a hacer todo lo posible por quemarlo", escuché decir alguna ocasión a un votante de clase media, líder de una asociación civil en el estado de Veracruz. El motivo era que un candidato le había prometido que en caso de llegar al poder, taparía un hoyo que estaba en la banqueta, afuera de la casa del votante, y no lo hizo. Cuando intentaron explicarle que aun así se trataba de un funcionario que saneó las finanzas de su municipio, que había hecho un buen trabajo, contestó: "A mí no me importa, conmigo no cumplió y me las va a pagar".

Es un principio básico en las campañas: **es más fácil votar en contra de algo, que a favor de algo.** Y viceversa: parte de la lealtad partidista se explica por los favores recibidos. Personas humildes pueden quedar muy agradecidas con un político desastroso, simple y sencillamente porque tuvo el "tino" de regalar unos bultos de cemento. "Gracias a él pude terminar de construir mi casa", suelen decir los agraciados.

En zonas de pobreza y alta marginación, en pleno siglo XXI, esto sigue siendo algo común.

A mediados de 2005 fui a dar una conferencia a la ciudad de Tlapa, en lo más recóndito de la sierra del estado de Guerrero. Está aproximadamente a cuatro horas partiendo de la capital, Chilpancingo. La carretera, llena de curvas, es angosta, con barrancos y desfiladeros; en época de lluvia incluso se pueden presentar algunos deslaves. Entrando a la población hay una manta gigantesca que dice: "Bienvenidos a Tlapa de Comonfort, corazón de la montaña".

Es evidente la falta de obra pública en la región. Las calles y el drenaje en algunas partes son un desastre. La falta de servicios, evidente. Los lugareños aseguran que esto se debe a las "transas" de las administraciones municipales. Y cuentan que cuando alguien le reclama a algún funcionario dónde está el dinero, les responden: "¿Y tú con qué cara vienes a reclamarme si yo compré tu voto?... Que no se te olvide".

Otro factor importante a juicio de algunos especialistas es que el elector vota *con el estómago*; es decir, de acuerdo con sus necesidades.[20] El votante es impaciente; le preocupan cosas muy terrenales, inmediatas, palpables; quiere ver resultados a muy corto plazo. De no haberlos, en democracias donde existe una intensa competencia, las consecuencias pueden ser nefastas para un partido en el poder: pueden convertirse en víctimas del tan temido *voto de castigo*.

La fuerza de López Obrador

"Muchos electores indecisos, que odian la política, pierden el sueño porque no tienen empleo, agua, luz, porque su hijo es ciego, porque un pariente no llega a la madrugada a su casa y temen que haya sido asaltado. Muchos de ellos sueñan con que su pequeño hijo llegue a tener una buena educación y sea alguien que triunfe. Ninguno sueña, ni pierde el sueño porque en el país habrá más gobernabilidad si se adopta un régimen de Gobierno Parlamentario. El tema... les importa un rábano", dice con frialdad Jaime Durán.[21]

De ahí el impacto que tiene la obra pública para un gobernante frente a los votantes. Literalmente, "obras son amores".

Cheque usted qué sucede cuando un presidente, el gobernador de una provincia o un alcalde inician alguna obra importante. Cuando empiezan los trabajos, su popularidad se desploma. ¿La causa? Provocan molestias a la población; generalmente hay descontento y en algunos casos, hasta irritación. Pero en cuanto termina la obra y la gente palpa los beneficios, cambia la percepción. "Está trabajando bien... se nota", suelen decir aquellos que criticaban agriamente al político en cuestión.

Quizá a ningún intelectual que esté preocupado por asuntos más profundos o trascendentes, por desentrañar el significado oculto de las cosas, le impresione mayormente la obra pública, ni tampoco le cause emoción salir a caminar un domingo para admirar la próxima inauguración del segundo piso del Periférico, pero para el hombre de la calle sí tienen un significado muy especial. López Obrador *amarra* parte importante de su carrera a la obra pública.

Sus biógrafos aseguran que aprendió el impacto electoral de la obra pública cuando trabajó para Enrique González Pedrero, gobernador de Tabasco en los años ochenta, quien mandó construir varios puentes para unir al estado. Antes de eso, la gente cruzaba el río a través del primitivo sistema de *pangas*: lanchas planas sobre las cuales se colocaban los camiones y automóviles.[22]

Así es que si usted, amable lector, había quedado confundido con algunos comportamientos aparentemente *absurdos* del votante, espero haberle aportado algunos elementos para entender esas "extrañas" reacciones. Y es que como dicen los expertos, *las personas no somos sujetos lógicos, sino psico-lógicos* y por eso es inútil buscar siempre la lógica en todos los comportamientos humanos.[23]

AMLO lo sabe, conoce bien esta realidad. Por eso se ha convertido en un auténtico maestro en el arte de manipular; en el manejo de la mercadotecnia emocional, otra importante fuente de su popularidad.

La mercadotecnia de las emociones

Para los políticos mañosos que conocen bien los verdaderos resortes que impulsan el voto, el manejo de las emociones es *oro molido*. Gobiernos de todo tipo a lo largo de la historia buscan afianzarse u obtener el poder explotando los sentimientos de su pueblo.

Como diría uno de los máximos representantes de la izquierda europea del siglo XX, Michel Foucault, el poder no requiere de ciencia, sino de una serie de informaciones o conocimientos que por su posición estratégica es capaz de explotar.[24]

Esto ayuda a entender por qué, salvo honrosas excepciones, el discurso de los políticos es de tan bajo perfil y por qué durante las campañas electorales las propuestas de fondo brillan por su ausencia. A lo más que llegan es a plantear ideas muy generales, poco comprometedoras. Todos dicen que van a "crear miles de empleos", "acabar con la corrupción", "reducir la delincuencia", pero jamás dicen cómo se puede lograr todo eso. Los dardos que lanzan los políticos van dirigidos más bien –como decía Frank Greer–, al corazón, al sentimiento... a desatar pasión.

Después de todo, como alguien decía por ahí, *es más fácil sentir que pensar, ¿o no?*[25]

Acuérdese: ¿quién era Vicente Fox como candidato? Tal y como analicé con más detalle en mi libro *Los demonios de la transición* (Editorial Diana), fue un líder mesiánico, populista, con propuestas poco realistas, contradictorias y algunas de ellas hasta absurdas (como aquella donde prometió resolver el conflicto de Chiapas en 15 minutos), que no tenían otro propósito más que el de capitalizar el gran deseo de cambio, el odio que amplios sectores de la población sentían por el viejo régimen autoritario.

El discurso ambiguo, por momentos falso y manipulador, le permitió convertirse en un líder *cacha todo*:

Lo mismo votaron por él gente de derecha que de izquierda; priístas resentidos que perredistas decepcionados. Por eso fue posible, en parte, rebasar el *voto duro* del PRI para llegar al poder. Pero ahora que está en Los Pinos, como era de esperarse, recibe "una sopa de su propio chocolate".

Perredistas al poder

La oposición se da vuelo con la mercadotecnia de las emociones para desacreditarlo y recuperar terreno en materia electoral.

"Es un inútil", "no sabe gobernar", "es un mandilón: lo domina su mujer", son frases que se escuchan con mucha frecuencia. Pregúntele a Emilio Chuayfett, distinguido miembro del *parque jurásico* y líder de los diputados priístas en el Congreso (2003-2006), para quien "Vicente Fox ofrece triste espectáculo al gobernar a México", una frase de mala fe, expresada con toda la intención de hacer daño, que logra convencer a algunos incautos... una frase que tiene eco en los desencantados.[26]

En este contexto también es posible entender por qué, desafortunadamente, la política se convierte en un circo, en un espectáculo. Por estas razones los consultores a la hora de armar una estrategia y asesorar al candidato, ponen tanto énfasis en lo emocional, en los mensajes que lanzan o la imagen que proyectan sus clientes, dejando en un segundo plano las propuestas de fondo.

Aunque parezca ridículo, a un candidato le puede redituar más votos, puede ser mucho más efectivo hacer una buena presentación en un programa cómico como *Otro rollo* de Adal Ramones, o en *No manches* de Omar Chaparro, que demostrar estatura intelectual en programas serios como *Nexos* de Héctor Aguilar Camín, o lucir como todo un experto en *La entrevista* de Sergio Sarmiento, no sólo por los niveles tan disparejos de audiencia entre unos y otros (los primeros llegan a millones de personas, mientras los segundos a una reducida élite), *sino sobre todo por las características emocionales del voto que convierten a las campañas electorales en un choque de pasiones más que en un enfrentamiento de razones.*[27]

Joseph Napolitan, decano de los consultores estadounidenses, asegura que cuando alguno de sus clientes está preocupado o queda abatido tras perder algún debate, suele animarlos diciéndoles que eso tendrá realmente poco peso en su campaña.[28]

Los consejos de Napolitan vinieron a mi mente durante un viaje que hice a Ciudad Juárez, Chihuahua. Ahí el senador panista Javier Corral (un hombre intelectual, de finos modales y preparación académica) perdió las elecciones para gobernador frente al PRI. Igual que a Mendoza Ayala en el Estado de México, también lo apalearon: le sacaron una ventaja de 15 puntos porcentuales.

Directivos de TV Azteca Chihuahua me dijeron que Corral Jurado arrasó en uno de los debates que tuvo con su contrincante, José Reyes Baeza, el candidato del PRI, que era el reverso de la medalla: no tan intelectual, sin tanta preparación académica, pero muy popular. "Hasta sentí feo de ver cómo lo tenían en la lona… cómo lo arrastraron en el debate", dijo uno de ellos, refiriéndose a Baeza.

Los panistas se emocionaron: "¡Pagaron para que retransmitiéramos tres veces el debate en horario estelar!", agregó el directivo. Pero a juzgar por los resultados, parece que de nada le sirvió al PAN.

De hecho, en una breve plática que sostuve con el senador Corral tiempo atrás durante un vuelo hacia la ciudad de México (cuando él estaba a punto de iniciar su campaña), me dijo que pretendía hacer historia. "Voy a plantear un programa de alto nivel, propiciar un debate de altura con propuestas de fondo."

Yo le comenté que lo felicitaba por el intento, pero que me parecía una apuesta arriesgada, tomando en cuenta el *marketing* y el perfil populachero de Reyes Baeza. Se puso serio y nada me respondió.

Es precisamente en este terreno donde Andrés Manuel López Obrador exhibe, en mi opinión, una de sus grandes habilidades, que lo han "lanzado al estrellato": independientemente de que estemos o no de acuerdo con su estilo de hacer política, ningún otro candidato se ha sabido enganchar emocionalmente con las masas tan bien como lo hace él. Dentro de los muchos ejemplos que podría traer a colación para demostrarlo, hay uno que me llama la atención. En la página de Internet donde colocó sus "50 compromisos para recuperar el orgullo nacional", asegura: "Voy a mandar una iniciativa al llegar a la presidencia… para cancelar las pensiones de los ex presidentes de México".[29]

¿Qué impresión le da esta propuesta? A mí, de entrada, con el corazón en la mano, *a bote pronto*, como se dice por ahí, me dan ganas de aplaudirle. Estoy harto de pagar impuestos para financiar a ex presidentes corruptos que se robaron millones del presupuesto, que viven rodeados de un lujo impresionante y una vez fallecidos, todavía tener que seguir manteniendo a sus viudas. Lujos que difícilmente alguien honesto, por más duro que trabaje, podrá alcanzar.

Ahí están Carlos Salinas de Gortari y sus hermanos, que poseen millones de dólares en bancos suizos, los López Portillo, los De la Madrid o los Echeverría, que son dueños de costosos bienes raíces y con sus millones aseguraron a futuras generaciones (no incluyo a Ernesto Zedillo porque renunció a su pensión).

Estoy de acuerdo con López Obrador. Sin embargo, como analista, el cerebro me dice: "Tranquilo... tranquilo... no te emociones. Te están manipulando... te quieren tomar el pelo". La razón es sencilla: la propuesta de López Obrador no se puede llevar a la práctica. Es una vacilada. La iniciativa es inconstitucional.

Se trata de una garantía individual: el artículo 14 de la Constitución dispone que *"a ninguna ley se dará efecto retroactivo en perjuicio de persona alguna"*.

Para entender lo que esto significa, imagínese que alguien es condenado por un delito a 20 años de prisión, pero mientras está en la cárcel, los diputados aprueban una nueva ley donde aumentan la pena para ese delito a 30 años. Al sentenciado no lo pueden obligar a pasar otros diez años encerrado; no se le puede aplicar la nueva ley hacia atrás si lo perjudica.

En el caso de los ex presidentes, suponga que un valiente López Obrador logra aprobar la ley para quitarles su pensión. ¿Qué sucedería? Nada, absolutamente nada. Bastaría con obtener un amparo para que Luis Echeverría (1970-1976), Sasha Montenegro, la viuda de José López Portillo (1976-1982), Miguel de la Madrid (1982-1988) y Carlos Salinas de Gortari (1988-1994), sigan disfrutando cómodamente de su pensión.

¿No lo sabe López Obrador? Por favor... no hay que ser tan inocentes. El señor tiene asesores jurídicos altamente calificados. Basta con leer el libro *Mi defensa jurídica*, que prepararon sus abogados con la cuestión del desafuero, para darse cuenta de que tiene a su alrededor (al menos en este caso) gente brillante.

De hecho es conocida su cercanía con Elisur Arteaga Nava, experto en Derecho Constitucional, considerado como uno de los grandes juristas que tiene el país.[30]

Se trata de una estrategia bien calculada para exaltar pasiones; para atraer simpatías y crecer electoralmente. Un buen ejercicio de manipulación política. Y le funciona. Por eso la repite una y mil veces, aunque sabe que está mintiendo.

Resumiendo, estos son los factores más importantes, los que le dan fuerza como candidato a López Obrador:

1. El desencanto con la democracia, que debilita al gobierno foxista, el gobierno "del cambio", y abre una ventana de oportunidad.
2. La nostalgia por el autoritarismo, o deseo de que llegue alguien con mano dura para *poner orden*.
3. La obra pública, que es de alto impacto para el votante.
4. La mercadotecnia de las emociones, que tan hábilmente maneja.

De ahí la fuerza que lo proyecta como un serio aspirante a ganar la elección presidencial en 2006 y que lo ubica desde finales de 2003 como favorito en las encuestas, desatando temores entre políticos, analistas, y por supuesto, los celos de Vicente Fox y Martha Sahagún, la pareja presidencial, quienes intentaron quitarle el fuero para eliminarlo de la competencia.[31]

Capítulo II

¿Por qué le tienen miedo?

Su populismo

Como todo personaje que trasciende –para bien o para mal–, Andrés Manuel López Obrador no admite medias tintas: cuando hablan de él las personas pierden la objetividad, se polarizan, se colocan en un extremo u otro y tienden a verlo en blanco o en negro; como un héroe o como un villano; lo adoran o lo desprecian; lo admiran o lo detestan; le "barbean" incondicionalmente o lo insultan; le justifican todos sus errores o le achacan todos los males.

"Es un populista", es el calificativo más común que le endilgan aquellos que lo ven como un peligro. Los que tienen miedo de que llegue a la presidencia; los que aseguran que se convertirá en un Hugo Chávez; los que pronostican toda clase de desgracias para México si gana las elecciones.

Pero...*¿realmente es un populista?* El populismo es un término difícil, escurridizo, donde caben muchas cosas y que ningún politólogo, hasta la fecha, ha logrado definir con precisión. La palabra surgió en la última década del siglo XIX en EU para identificar las propuestas del *People's Party* o Partido del Pueblo que logró agrupar a masas de granjeros pobres del Oeste norteamericano que eran explotados, "ahorcados" por caciques empresariales de las ciudades que fijaban los precios de los productos agrícolas, controlaban almacenes, sistemas de transporte, canales de distribución y créditos bancarios. Es decir, prácticamente todo.

Los populistas tuvieron un millón de votos en las elecciones presidenciales de 1892, y cuatro años después su candidato William Jennings Bryan estuvo a punto de ganar la presidencia. Las élites empresariales se llevaron el susto de su vida: el *People's Party* se quedó a sólo 500 mil votos de obtener la victoria y gobernar a EU.

De ahí en adelante se llamó por lo regular "populista" a todo líder carismático que fuera capaz de movilizar a las masas defendiendo causas populares. Para averiguar qué tanto encaja López Obrador en el perfil populista, qué le parece, amable lector, si le echamos un vistazo a la *Enciclopedia de la Política* de Rodrigo Borja,[1] que define las características del populismo de la siguiente manera:

a) El desempleo, la miseria y las desigualdades sociales son la materia prima de la que se alimenta el populismo.

Vivimos en un mundo terriblemente injusto, desigual: ¿sabía usted que lo que ganan los 500 hombres más ricos del planeta superan los ingresos que reciben los 416 millones de personas más pobres? ¿Que 40% de la población mundial (2 500 millones de personas) sobrevive con menos de dos dólares al día?[2]

¿Por qué le tienen miedo?

Por eso dicen que el poder se divide entre quienes lo tienen y lo detentan, y entre quienes no lo tienen y lo padecen.[3]

Históricamente, el principal apoyo que reciben los líderes populistas proviene de los marginados; sus raíces deben buscarse en la pobreza, la ignorancia, la falta de educación o de servicios de salud, la explosión demográfica, la migración de campesinos a las ciudades, el urbanismo cargado de problemas y necesidades insatisfechas. Ahí está su principal materia prima; la chispa que enciende la mecha. Un populista siempre explotará políticamente la pobreza y la injusticia, basando en ellas sus estrategias de campaña.

"Los grupos de pobreza extrema... se entregan fácilmente a la seducción de la demagogia. Es una suma de... individuos que viven absolutamente al margen de los beneficios de la sociedad y de la cultura... Siempre el populismo se articuló... con masas enfermas de frustración, pobreza y humillación", dice la *Enciclopedia de la Política*.

Un buen ejemplo de discurso populista que aprovecha las desigualdades sociales para encender pasiones y movilizar a la gente es el de Abdalá Bucaram en Ecuador durante la campaña de 1996. Bucaram se autonombró como único y legítimo "líder de los pobres"; como un candidato que luchaba con valentía y honestidad en contra de las élites "vendepatrias"; es decir, contra las fuerzas oscuras de la derecha. En sus *spots* publicitarios, calificó a las señoras elegantes como "viejas vagas que nunca han cocinado ni planchado", y a los patrones como "aniñados y amanerados".

No quiso vivir en el Palacio Presidencial de Quito, la residencia oficial, porque le dijo al pueblo que estaba embrujado.[4] Su éxito fue tan grande entre las masas que logró ganar a pesar de tener en contra al 90% de los medios de comunicación. Votaron por él aproximadamente 2 millones de personas, una cifra elevada para las dimensiones de Ecuador.

En México, como todos sabemos, las desigualdades sociales también son graves: el 1% de la riqueza nacional (unos 6 500 millones de dólares) se distribuye entre el 10% más pobre (10 millones de personas), mientras el 10% más rico absorbe casi la mitad de la riqueza nacional (43%), unos 300 mil millones de dólares aproximadamente.

Quizá por esta razón han tenido tanto éxito las políticas sociales de Andrés Manuel López Obrador, cuya fuerza electoral se encuentra bien atrincherada en clases medias urbanas, pero sobre todo en personas de bajo nivel de ingresos.[5]

A algunos economistas neoliberales les choca este tipo de cálculos y comparaciones debido a un individualismo exagerado, pero la verdad es que, a despecho de lo que pudieran pensar, esas estadísticas tienen un impacto político considerable, al reflejar lo que en el fondo le da vida al populismo, amenazando con ello lo que tanto idolatran: las políticas de libre mercado y la democracia.

No hay nada más falso (y está demostrado por otros estudios) que suponer que un alto crecimiento económico por sí mismo nos va a conducir, automáticamente, a una mayor equidad social. Para lograrlo es necesario, además de reformas en el terreno económico, transformar las institucio-

¿Por qué le tienen miedo?

nes políticas y sociales para democratizar las oportunidades y subir a los pobres al tren del progreso. Por eso harían bien esos economistas en no ignorar esta realidad ni tampoco tratar de minimizarla, porque de ahí proviene la tentación populista que tanto condenan y desprecian.

b) Los caudillos populistas son líderes carismáticos.

Generalmente son hábiles manipuladores de la psicología de las multitudes; de sus sentimientos; apelan más a la emoción que a la razón. Conocen o han vivido en carne propia las carencias de las masas y logran que el público se identifique con ellos a través de la empatía (*ponerse en los zapatos del otro*), usando un lenguaje simple, cotidiano. Suelen ser maestros en el arte de la retórica, o manejo de las palabras para convencer.

Ya lo decía Gorgias, uno de los grandes oradores de la antigua Grecia: "la palabra es como un veneno, con el cual se puede hacer de todo: envenenar y embelesar… dominar y hacer esclavos a los hombres".[6]

Según la *Enciclopedia de la Política*, con frecuencia el caudillo populista crea un lenguaje propio al que incorpora modismos del habla popular que pronto se le vuelven característicos y lo distinguen. A través de su lenguaje la gente puede identificarlo fácilmente. "No me estén *cucando*", repite constantemente López Obrador a los reporteros.

También buscan el contacto directo con el público, haciendo a un lado los métodos tradicionales de hacer política. Entre ellos y el pueblo no hay barreras; se presentan como hombres comunes; como hombres sencillos. AMLO cuida con esmero su imagen de austeridad para engancharse emocionalmente con las masas.

Perredistas al poder

Su forma simple de vestir (que contrasta con el vestuario de marca internacional de Vicente Fox o Martha Sahagún, con los trajes Armani o las bolsas Louis Vuitton), su *acarcachado* Tsuru blanco (en vez de lujosas camionetas Lincoln blindadas que usan políticos y funcionarios), vivir en un modesto departamento de Copilco, en un barrio popular de clase media (en vez de los costosos ranchos con cientos de hectáreas o mansiones en las zonas más exclusivas de la ciudad), hablan de una mercadotecnia cuidadosamente dirigida a dar la impresión de cercanía con los que nada tienen; que lo colocan, a los ojos de millones de votantes, aparentemente en el mismo nivel, reforzando de paso la sensación de honestidad.

Esa estrategia, sin embargo, es tan antigua como la propia humanidad. ¿Qué recuerda usted del emperador romano Calígula? ¿Qué le han dicho? Que se trata de un loco que asesinó a su hermano, nombró cónsul a su caballo, organizaba orgías y estaba perdidamente enamorado de una de sus hermanas. Pero casi nunca nos cuentan la película completa: ¿sabía usted que a pesar de esa degradación moral y de la gran corrupción de su gobierno, Calígula es uno de los políticos más populares de toda la historia? ¿Que fue muy querido, casi idolatrado por un pueblo que le perdonó todos sus desmanes?

El secreto de Calígula residía, por un lado, en su política social: aumentarle la pensión a los soldados, espectáculos masivos y gratuitos, subsidiar alimentos, entre otras dádivas. Por otro lado, en su trato con la gente. De acuerdo con algunas versiones, Calígula se paseaba por las calles de la ciudad sin ninguna protección, donde la gente humilde ja-

¿Por qué le tienen miedo?

más había visto a uno de sus amos, a un emperador, andar a pie.

"Dirigía con familiaridad la palabra a la gente sencilla y mandaba tomar nota de sus quejas o peticiones... Pero más que las monedas de oro, era la bondad de Calígula lo que maravillaba a la gente".[7]

En cuestión de símbolos, imagínese este impacto: ¿qué impresión puede dar en el pueblo, por un lado, un político que organiza fiestas populares en el Zócalo con grupos como la Banda del Recodo y cuenta con una política social que otorga 709 pesos mensuales de pensión, medicamentos, atención médica y transporte gratuito a personas de la tercera edad, madres solteras o discapacitados, contra la de una primera dama como Martha Sahagún que organiza conciertos exclusivos en el Alcázar del Castillo de Chapultepec con el cantante internacional Elton John (cuya entrada fue restringida a los empresarios más ricos y poderosos del país, previo "donativo" de un millón de pesos por persona), mientras su fundación Vamos México es acusada de malos manejos por el periódico inglés *The Financial Times*?

c) Ofrecen fórmulas mágicas para curar todos los males.

Los populistas se sienten seres especiales, dotados de cualidades extraordinarias; predestinados a cumplir con una misión especial. Dicen los biógrafos de AMLO: "para él la palabra 'pueblo' tiene un valor mágico, sublime, supremo... El pueblo son los pobres y él es la voz del pueblo. Él, y no otros, tiene el carisma para interpretar la voluntad popular."[8]

Perredistas al poder

Asumen el papel de redentores de la sociedad. Aseguran perseguir metas superiores para recuperar el progreso o la felicidad. Precisamente por eso, desde Perón en Argentina en los años cuarenta hasta Lula da Silva en Brasil, la palabra *esperanza* aparece como un recurrente eslogan de campaña.

"Destilan las dosis de ilusiones y esperanzas sin las cuales la vida sería insoportable".[9]

Es precisamente esa venta de ilusiones que hace soñar a las masas, creer que por fin uno de los suyos está en el poder para velar por sus intereses, esa comunión que logran establecer con un pueblo que se siente bien representado y atendido tras décadas de humillaciones, olvido y desprecio, lo que dota a un líder populista de una fortaleza increíble. Después de todo es lógico: el hombre es un animal soñador y esto no se puede evitar.[10]

Por eso mismo y salvo honrosas excepciones, los líderes populistas encabezan las encuestas; superan profundas crisis políticas y salen fortalecidos. Ahí están los casos de Menem en Argentina y Fujimori en Perú, quienes a pesar de graves escándalos de corrupción lograron reelegirse en dos ocasiones, o un Hugo Chávez en Venezuela que sobrevivió a un intento de golpe de Estado, o Bucaram en Ecuador y Alan García en Perú que llegaron al poder a pesar de los feroces ataques que les lanzaron los medios de comunicación.

Las masas, por momentos, los apoyan a rabiar; contra viento y marea. La conexión emocional que establece un líder populista con el público es tan poderosa que prácticamente les perdonan todo. Y entre más los atacan, más se

¿Por qué le tienen miedo?

aferran a ellos. "Soy indestructible", dijo alguna vez Andrés Manuel López Obrador. Y vaya que si lo ha sido hasta el momento de escribir estas líneas. Nada ni nadie lograron sacarlo de la carrera presidencial…. vamos, ni siquiera el proceso de desafuero o los *videoescándalos* que hicieron caer a funcionarios clave de su administración (dos están en la cárcel y otro prófugo).

d) Provocan el rechazo de las élites.

Las clases dominantes, pudientes, educadas, se sienten agredidas por el líder populista, que constantemente amenaza con realizar transformaciones radicales en la sociedad y dirige las baterías de sus discursos para atacar a las oligarquías, señalándolas como las causantes de todos los males; de la desgracia e infelicidad del pueblo.

Como se anota en la *Enciclopedia de la Política,* a esas élites les molesta la superficialidad, la irracionalidad, el simplismo de sus juicios y lo contradictorio de los planteamientos del líder populista.

Esa línea divisoria entre clases altas y clases bajas, el desprecio y la admiración que sienten unos y otros por López Obrador, la describió crudamente Martí Batres tras la marcha contra los secuestros y la inseguridad, llevada a cabo el 27 de junio de 2004 en el DF, al decir:

"Luis Ignacio Lula da Silva tiene una frase hermosa para definir el drama de su país, acaso también el nuestro: 'En Brasil nadie puede dormir: la mitad de la población no puede dormir porque tiene hambre, y la otra mitad no puede dormir porque le tiene miedo a los que tienen hambre'. Podemos decir que el pasado domingo marcharon en la ciudad de México los que tienen miedo a los que tienen hambre... el mensaje ideológico de la manifestación se orientó más a la visión conservadora. El reclamo fue: más policía, más penas, más cárcel. Había peticiones de pena de muerte y cadena perpetua incluso. Pero no había mantas que exigieran empleo, salario, educación, protección social".[11]

Son como dos mundos completamente distintos: el de las élites que se sienten amenazadas por el discurso populista, y el de los marginados que encuentran en él una esperanza. Dos visiones diametralmente opuestas... algo así como el agua y el aceite. Como líneas paralelas que jamás se unirán. Una verdadera lucha de clases, donde el líder populista desata un temor casi irracional en las élites.[12]

e) Se presentan como grandes luchadores sociales.

De acuerdo con la *Enciclopedia de la Política,* este es un elemento esencial en la propaganda que utilizan los populistas para cautivar a las masas. Exhiben una hoja de vida aureolada por la persecución y el sacrificio. Se presentan como "víctimas", como "mártires" de los grupos de poder. Cultivan su imagen de hombres valientes y desinteresados, que por supuesto les reditúa popularidad.

Hugo Chávez es quizá uno de los que mejor han sabido capitalizar esa imagen:

"El gran momento en la redimensión de la personalidad de Hugo Chávez fue el 4 de febrero de 1992, cuando dirigió el intento de golpe de Estado contra Carlos Andrés Pérez. Ahí, por primera vez, Chávez fue tocado por el dios *rating*... De hecho el golpe, militarmente, es un desastre... Chávez fracasó. Ese fracaso, sin embargo, le permitió aparecer en un breve mensaje por televisión. El golpe, entonces, dejó de ser militar y fue mediático... Unos pocos

¿Por qué le tienen miedo?

segundos de exposición televisiva le dieron lo que tantos años de secreta conspiración no habían logrado... A partir de ese fugaz y fortuito paso por la pantalla chica, comenzó la vida del mito", dice Alberto Barrera, biógrafo del populista venezolano.

Fueron sólo 169 palabras las que pronunció en televisión, pero fueron suficientes para posicionarse como un luchador social y conquistar el poder poco tiempo después. Y ni qué decir de López Obrador, quien supo asumir el papel de víctima ante el proceso de desafuero y convirtió lo que en un principio era una seria amenaza para eliminarlo de la contienda presidencial, en un trampolín que lo impulsó a los niveles más altos de popularidad.[13]

f) Recurren a la teoría del "complot".

Los caudillos populistas señalan a un enemigo y dirigen contra él todo el odio popular. Fidel Castro hizo del *imperialismo yanqui* el gran enemigo de Cuba. Juan Domingo Perón en Argentina acusó a las empresas trasnacionales de haberse coludido con la burguesía agraria para complotar contra él, mientras Hugo Chávez en Venezuela recurre a la teoría del magnicidio: elude actos públicos y suspende desfiles solemnes porque asegura que George Bush *lo quiere matar.*

La *Enciclopedia de la Política* advierte que los populistas buscan siempre identificar un "enemigo del pueblo" contra quien descargan toda la furia contenida de la masa por siglos de frustración. Esta identificación les sirve para movilizar a la gente.

Respecto a López Obrador, dicen sus biógrafos: "Necesita de un malhechor, de un villano, de un complot. Emprende querellas –reales o imaginarias– que lo hagan ser el héroe de la novela. 'Salinas tiene una red de complicidades y componendas como pocos', nos advierte a todos. El Yunque está detrás de la marcha contra la inseguridad y Ahumada es el anticristo de la izquierda perredista... dividió al país en buenos y malos, en amigos del pueblo y neoliberales".[14]

Así pues, a juzgar por la descripción que hace del populismo la *Enciclopedia de la Política,* AMLO encaja perfectamente en ella. Usted lo puede constatar, la definición de populismo es como un traje hecho a su medida: lo puede lucir muy bien porque le queda perfecto.

Su pasado en las calles

"A las dos y media de la tarde, en la esquina de avenida Juárez y Humboldt, un grupo de... seudoestudiantes del IPN, de la UNAM, del CCH Oriente, de la Preparatoria Popular Fresno y del grupo de chavos banda Alternativa Callejera, encararon a una barrera de granaderos. Con los rostros cubiertos con pasamontañas... los jóvenes comenzaron a agredir a los elementos de la Secretaría de Protección y Vialidad. Machetes, palos, cadenas, piedras, botellas y varillas se estrellaron una y otra vez en los escudos con los que se protegían los uniformados... Un machete, empuñado por una persona, logró hacer blanco por lo menos en cinco uniformados, los cuales fueron reportados como 'graves'... según los reportes de inteligencia del DDF, son los mismos que hace unos días destrozaron el establecimiento Mc Donald's de la Zona Rosa... A las tres

¿Por qué le tienen miedo?

de la tarde... los mandos superiores dieron la orden de responder la agresión.

"–¡Duro contra esos cabrones!– gritó un oficial al tiempo que una bomba de gas lacrimógeno estalló muy cerca del edificio de la Lotería Nacional. Y, en posición de barredora, los granaderos salieron disparados a responder los ataques.

"En su camino, golpearon a periodistas, fotógrafos y personas que caminaban por ese sitio. Manuel Meneses, de *La Jornada*, fue víctima de la furia policiaca y terminó en la clínica 27 del ISSSTE, con tres costillas rotas y contusiones en cuerpo y rostro... En su huida, mujeres, ancianos y adolescentes cayeron al piso y los policías estrellaron en sus cuerpos botas y toletes... La respuesta de los jóvenes seudoestudiantes y provocadores fue inmediata. Congregados en el extremo poniente de la avenida Juárez se apoderaron de un Jeep de la SPV, placa 29408, que estaba estacionado... De los morrales y mochilas, los jóvenes sacaron botes de pintura de spray. Con ellos y la ayuda de un cerillo o encendedor, prendieron fuego a la unidad policiaca... el caos era total."[15]

Esa es la historia del PRD: muertos, heridos, desaparecidos (alrededor de 600 por motivos políticos en el sexenio de Carlos Salinas de Gortari), marchas, plantones, bloqueos, enfrentamientos con la policía, encabezados por grupos de choque que son parte importante de su militancia, y que tradicionalmente han sido movilizados para protestar por fraudes electorales, reales o supuestos.

El incidente que aquí reproducimos fue parte de la marcha "Éxodo por la democracia", encabezada por Andrés

Manuel López Obrador a la ciudad de México, que partió de Tabasco en noviembre de 1994 y logró reunir a alrededor de 25 mil personas en el Zócalo capitalino. Algunos de esos *pseudoestudiantes* y *pandilleros* como los califican los reportes policiacos, son ahora diputados o funcionarios públicos; son parte de la plana mayor del PRD. Esos grupos se nutrieron posteriormente de otros más, como los *Panchos Villa* o los Pantera, el grupo de taxistas "tolerados" en el DF.

A veces reciben apoyo de otros grupos como Antorcha Campesina o *la Coordinadora* (Coordinadora Nacional de Trabajadores de la Educación, grupo disidente del magisterio), a cuyos contingentes se les ha visto en marchas tanto del PRI como del PRD.

Completan el cuadro invasores profesionales de terrenos y propiedades, con fuerte arraigo en colonias populares o zonas marginadas.

En la elección de 2000 me encontré con una compañera de la secundaria, a quien tenía años de no ver. Estaba en la casilla como observadora electoral por parte del PRD. Mi sorpresa fue grande porque se trataba de una muchacha totalmente desinteresada y alejada de la política.

"¿Por qué estás aquí?", le pregunté. "Porque gracias al partido tengo casa"… "¿Te la vendieron?" fue lo primero que se me ocurrió preguntarle. "No", dijo ella, "me dejaron ocuparla. Les pago $150.00 (ciento cincuenta pesos) mensuales." "¡Ciento cincuenta pesos al mes, es una ganga!", le dije… "Dicen que es mía, pero a lo mejor algún día voy a tener que desocuparla porque ellos se metieron a la fuer-

¿Por qué le tienen miedo?

za." "¿Quién te la dio?", pregunté con curiosidad. "Un grupo que dirige el diputado local del PRD."

Ese es el *modus operandi* de los grupos de choque del PRD, que le ha permitido hacerse de cierta base electoral, generar cierta lealtad partidista y presionar (muchas veces con éxito) a las autoridades. Pero es también una forma de operar que los ha desprestigiado y les da fama de violentos.

A ese desprestigio han contribuido también los desfiguros de algunos de sus líderes, como el tristemente célebre Félix Salgado Macedonio, golpeador de periodistas y policías, protagonista de algunos escándalos en estado de ebriedad en la vía pública, o de Martí Batres, quien en la madrugada del 11 de diciembre de 1999, también en estado de ebriedad, estrelló furioso un vaso en la cabeza del capitán de meseros y amenazó con mandar clausurar el bar Carlos'n Charlie's de San Angel, en el DF.[16]

Destacados ex militantes del PRD, como el senador Demetrio Sodi, lo reconocen:

"Más de la mitad del PRD ya estamos hasta la coronilla, hasta la madre (*sic*) de las corrientes y de las pandillas que están en el partido. Ya basta de que sigamos cobijando y aceptando la corrupción... y nos tengamos que quedar callados". Los aludidos reaccionaron queriéndolo expulsar del partido.[17]

A López Obrador le ha costado mucho trabajo deshacerse de esa imagen. Es increíble, pero en parte debido a este turbio pasado, altos mandos del PRI le tienen miedo. Sí, leyó usted bien: *le tienen miedo*. Al menos con los diputados, senadores y gobernadores priístas con los que platiqué sobre el tema (2004-2005), me dijeron, sin excepción, que en el 2006 el PRI tiene que ganar en forma contundente las elecciones, por un margen amplio que no dé lugar a dudas, porque si el resultado es muy estrecho (de 3 o menos puntos porcentuales de diferencia), sienten que les pueden arrebatar la victoria.

"No lo conoces... es capaz de declararnos la guerra y paralizar al país con sus marchas para torcer la ley, las instituciones y obligarnos a darle el triunfo... que no se te olvide: Andrés Manuel se hizo en las calles"... me dijo una senadora del PRI que conoce bien a AMLO.

Su estilo autoritario

Otro de los factores que provocan desconfianza en algunas personas es el perfil autoritario con que se condujo López Obrador como jefe de gobierno del DF. Dejó varios ejemplos de ello. Aquí tiene usted algunos:

1. Desde que fue presidente del PRI en Tabasco en 1983, tuvo enfrentamientos con varios presidentes municipales, quienes lo acusaban de actuar como si fuera su "contralor" y "fiscalizador". Esta forma de actuar le costó el puesto: el entonces gobernador Enrique González Pedrero lo removió del cargo.
2. Se negó a aplicar el *Horario de verano* que genera importantes ahorros para el país en materia de energía, pero que es impopular porque no se refleja en los bolsillos de los ciudadanos. Después de una acalorada discusión (con controversia constitucional de por medio), la Suprema Corte de Justicia ordenó al Congreso resolver el asunto,

¿Por qué le tienen miedo?

pero aun así se salió parcialmente con la suya: logró que modificaran la propuesta original.

"Reta AMLO a poderes federales" fue un encabezado de *Reforma* que, a mi juicio, refleja el espíritu de esta acción.

3. Para la construcción del distribuidor vial de San Antonio en el DF, organizó un *plebiscito* de dudosa legitimidad y amplitud, que fue interpretado por algunos analistas como una estrategia para imponer su voluntad, ignorando a los afectados. A pesar de los importantes beneficios de la obra, el descontento de los habitantes de la zona se manifestó en las urnas: en las elecciones intermedias de 2003 la delegación Benito Juárez, lugar donde se construyó el distribuidor, pasó a manos del PAN.[18]
4. Se reservó la facultad exclusiva de nombrar y despedir a funcionarios clave para mantenerlos controlados. Ese es el caso de su proyecto educativo más importante: el rector de la Universidad de la Ciudad de México es nombrado directamente por el jefe de gobierno, a diferencia de lo que sucede con rectores de otras instituciones como la UNAM, que gozan de mayor autonomía para elegir en procesos internos a sus autoridades. Lo mismo puede decirse de la Ley de Cultura Cívica aprobada por la mayoría perredista en la Asamblea Legislativa del DF: López Obrador nombra y puede despedir libremente a los jueces. Esto le permite mantenerlos subordinados.
5. A pesar de las importantes reformas políticas que se han dado en el DF, aún no tiene autonomía plena, y en algunos aspectos sigue siendo manejado por el presidente de la república o el Congreso.

Sin embargo, aunque Fox tenía la facultad legal de nombrar al secretario de Seguridad Pública, López Obrador, a principios de 2002, "por sus pistolas", ignorando al presidente, nombró a Francisco Garduño como titular de la dependencia.

6. Le descontó en forma ilegal 107 millones de pesos de su presupuesto a la delegación Miguel Hidalgo (en manos del PAN). El delegado llegó al extremo de tener que realizar un plantón en el Zócalo con sartenes y cacerolas, para presionar con el fin de tener audiencia con López Obrador. La Suprema Corte de Justicia finalmente lo obligó a devolver el dinero, orden que cumplió con mucha lentitud.
7. Cuando en la Asamblea Legislativa del DF el PRD no tenía mayoría, se enfrentó y desobedeció las decisiones de la oposición. Imagínese que usted es legislador y junto con sus compañeros deciden hacerle cambios al Código Financiero del DF. ¿Qué sentiría usted si un buen día en la mañana se levanta a desayunar, pide el periódico y se entera de que López Obrador publicó incompleto el Código Financiero en la Gaceta Oficial? ¿Que *rasuró* o quitó de la ley lo que le desagradaba, aquello que precisamente usted había cambiado, y que por lo tanto esos cambios no tenían fuerza legal? Una auténtica *chicanada*.
8. Aunque López Obrador le dijo al periódico *Crónica* que *el que nada debe, nada teme,* que en su gobierno no hay rateros y que no tenía nada que ocultar, en la práctica hizo todo lo posible por esconder información.

¿Por qué le tienen miedo?

Para instalar el Consejo de Transparencia en el DF, puso muchas trabas y recursos legales, clasificó en un principio como información "reservada" todo lo relacionado con los segundos pisos, utilizó la mayoría perredista para imponer a un par de consejeros ciudadanos, recurrió a la figura del fideicomiso para intentar proteger con el secreto fiduciario los archivos, retrasó la publicación de la ley, en fin, toda una serie de "triquiñuelas" o tácticas dilatorias.

Fue sólo después de cuatro largos años (a mediados de 2005) cuando finalmente se logró tener una buena Ley de Transparencia y Acceso a la Información Pública (con algunas reservas), y un Consejo de Transparencia ciudadano con plenas facultades, gracias a la presión que ejercieron los medios de comunicación y algunos sectores de la opinión pública.[19]

8. Ni qué decir del escándalo y el proceso para quitarle el fuero que se desató a raíz de que desobedeció la orden de un juez (desacato) por negarse a suspender unas obras en el predio "El Encino", lo que casi le cuesta perder sus derechos constitucionales para participar en las elecciones de 2006.

Pero lo increíble del caso es que este perfil autoritario de AMLO que tanto asusta y preocupa a las clases acomodadas, a las personas con altos niveles de educación y de ingresos, es el mismo perfil que le da fuerza en las encuestas; que le permite seducir a las masas y obtener altos índices de popularidad sobre todo en segmentos que cuentan con un bajo nivel de instrucción y de ingresos.

Experiencias traumáticas

Otra de las razones del miedo que despierta López Obrador son las dolorosas experiencias que se han vivido en otras partes.

Durante el siglo XX aparecieron populistas que destruyeron las economías de sus países; que dejaron tras de sí graves divisiones sociales, intentonas de golpes de Estado, severas desigualdades sociales (pobreza más grave de la que intentaban combatir) y una fuerte descomposición política; líderes que dejaron traumas muy profundos en la opinión pública y que aparecieron con más virulencia en América Latina que en otras partes del mundo.

Casi todos esos experimentos que en un principio buscaban ser en una especie de *Robin Hood* (quitarle a los ricos para dárselo a los pobres) terminaron siendo –como alguien dijo por ahí– un *Hood Robin*, porque al final la riqueza quedó peor distribuida y más concentrada que antes: el pobre más pobre y el rico más rico. Aquí tiene usted algunos ejemplos:

a) Salvador Allende (Chile, 1970-1973)

Antes de llegar al poder, Salvador Allende fue derrotado tres veces en elecciones presidenciales (1952, 1958 y 1964). Como Lula da Silva en Brasil, ganó hasta el cuarto intento y también, como todo buen populista, su discurso se enfocó en atacar a las élites (señalándolas como las culpables de todos los males), con lo que buscó exaltar y lograr el apoyo de las masas empobrecidas.

¿Por qué le tienen miedo?

"Chile vive una crisis profunda por el estancamiento económico y social; pobreza generalizada... Lo que fracasó fue el sistema, que es capitalista y dependiente del imperialismo, dominado por sectores burgueses ligados a ellos, que gozan de privilegios de clase a los que jamás renunciarán... un grupo de privilegiados que no pasa del diez por ciento de la población, acapara la mitad de la renta nacional", dijo Allende en su Programa de Gobierno, donde también prometía reformas radicales (llevar a Chile al socialismo).[20]

Este discurso puso nerviosos a los inversionistas; el lunes 7 de septiembre de 1970 (tres días después de haber ganado las elecciones) se desató un pánico financiero que llevó el tipo de cambio momentáneamente a las nubes y *secó* de dinero a los bancos por los retiros de depósitos.

Allende prometió de todo: viviendas, escuelas, universidades, fomento de pequeñas y medianas empresas, buenos salarios, trabajo estable, atención médica y dental, luz, agua potable, jardines infantiles, desayunos y útiles escolares gratuitos, turismo popular, trabajar con honestidad y eliminar privilegios abusivos (como congelar altos sueldos de funcionarios o cancelar las pensiones millonarias para los legisladores), entre otras cosas.

Para cumplir con sus promesas de campaña, el gobierno controló los precios de productos básicos, redujo por decreto las tasas de interés para fomentar el crédito y disparó los gastos del gobierno, sobre todo en obra pública.

Al bajar los ingresos del gobierno y subir sus gastos, aparecieron fuertes pérdidas en el presupuesto (déficit) que fueron cubiertas con deuda, gastándose las reservas de divisas y fabricando dinero a través del Banco Central. "El programa económico de corto plazo fue diseñado para producir impactos fulminantes", dicen algunos analistas.[21]

Allende quería ganar las elecciones intermedias para obtener mayoría en el Congreso con el fin de aprobar reformas rápidamente y debilitar a la oposición.

Como suele suceder en este tipo de experimentos donde la economía recibe una fuerte y repentina inyección de dinero (el gobierno subió también los salarios de los trabajadores por decreto, 20%), al principio las cosas funcionaron de maravilla: en el primer año (1971) la economía creció 9%, una de las tasas más altas del continente, el desempleo se redujo a la mitad debido a que las empresas trabajaron a su máxima capacidad por el auge del consumo, la inflación también bajó debido a que se controlaron los precios y tarifas del gobierno, así como de los productos básicos (el alza de precios pasó de 35% en 1970 a 22% en 1971), y se recobró la confianza de una parte de los empresarios que recibían crédito barato.

¿El resultado? Allende reforzó su popularidad, pues en las elecciones municipales ganó el 50.2% de la votación. Los ciudadanos quedaron impresionados por el repunte y lo reflejaron en las urnas. "Nunca Chile fue más libre que hoy", decía eufórico el ministro de Planeación Económica, Vuskovic. Pero pronto, como decimos por acá en México, *el gozo se fue al pozo*. Los problemas aparecieron a finales de 1971: hubo escasez de productos básicos debido a los controles de precios, que redujeron las utilidades de las empresas y desanimaron la producción.

¿Por qué le tienen miedo?

Enseguida aparecieron la especulación y los mercados negros donde la gente podía comprar los mismos productos pero a mayores precios, lo que deterioró su nivel de vida. El descontento popular no se hizo esperar: el 1 de diciembre de 1971, amas de casa salieron a protestar a las calles en lo que se conoció como la "Marcha de las cacerolas". Debido a las largas filas donde la población tenía que esperar horas y horas para hacer sus compras (a veces bajo la lluvia o en pleno invierno), el caricaturista "Lukas" dijo con ironía en uno de sus cartones que "El camino al socialismo es en fila india", mientras turbas desesperadas salían a asaltar tiendas y camiones con mercancías para abastecerse. A mediados del siguiente año el gobierno tuvo que racionar los alimentos. Se instauró en Chile "la dictadura del estómago".[22]

Debido a la crisis en las finanzas públicas y a que las reservas de divisas se habían agotado, el gobierno tuvo que decretar una devaluación de 25% que aumentó la inflación, y declaró la moratoria de pagos de la deuda externa en noviembre de 1971, lo que desplomó las inversiones, provocó quiebra masiva de empresas y agudizó el desempleo. Se multiplicaron las protestas callejeras y se disparó el número de huelgas.

Allende reaccionó furioso en cadena nacional: "Camión que sea requisado desde mañana, no será devuelto a su propietario. No es una amenaza, es una decisión... si mañana el comercio no abre sus puertas, comerciante extranjero que no cumpla será puesto en la frontera y los nacionales serán llevados a los tribunales. Los grupos sediciosos serán castigados".[23]

Para 1972 la economía cayó en franca recesión al disminuir la tasa de crecimiento -1.2%, mientras los salarios retrocedían casi 10% por abajo de lo que estaban antes de llegar Allende al poder. Para 1973 el caos era total, lo que facilitó el golpe militar de Augusto Pinochet y el asesinato del presidente, apoyado por EU y las élites locales. En mil días de gobierno, el populismo provocó 1 000% de inflación.

b) Alan García (Perú, 1985-1990)

Carismático, muy popular, excelente orador, Alan García fue bautizado en el Perú como "el candidato de la esperanza". Cuando asumió la presidencia en junio de 1985, renació en la población la ilusión de alcanzar altas tasas de crecimiento económico y empleo. Sus propuestas (condensadas en su libro *El futuro diferente*) hicieron soñar y hacer creer a los votantes que por fin, después de varias décadas de opresión y estancamiento, Perú abandonaría el subdesarrollo para ingresar a las grandes ligas.

La APRA (Alianza Popular Revolucionaria Americana), a pesar de ser uno de los partidos políticos más antiguos del continente, llegó por primera vez al poder de la mano de Alan García en medio de una grave crisis: la economía se había desplomado 12% en los años anteriores, el país estaba convulsionado por ataques terroristas en zonas rurales y urbanas, y por la devastación por *El Niño*, que provocó sequías en el sur e inundaciones en el norte.

Alan García logró una victoria aplastante (48% de los votos contra 24% de su contrincante, quien ya no se pre-

¿Por qué le tienen miedo?

sentó a la segunda vuelta) y mayoría absoluta en el Congreso.

Cuando tomó posesión, se enfrentó a las élites financieras internacionales: anunció que el pago de intereses de la deuda externa bajaba a tan sólo 10% de las exportaciones, lo que fue interpretado como una moratoria de facto.

El gobierno populista utilizó las reservas de divisas para reactivar la economía; bajó las tasas de interés por decreto para estimular el crédito; controló los precios de productos básicos para disminuir la inflación; aumentó los salarios de los trabajadores por decreto y también los impuestos para las empresas; disparó el gasto del gobierno, sobre todo en obras públicas en áreas marginadas para favorecer la creación de empleos y estatizó los bancos, entre otras medidas.

Su partido, la APRA, soñaba con unificar a las clases explotadas para acabar con las desigualdades sociales. Al principio sucedió casi lo mismo que con Allende: debido al auge del consumo, la economía marchó de maravilla. La tasa de crecimiento dio un brinco espectacular a 9.5% en 1986 (la más alta en América Latina) y fue de 7.8% en 1987. El empleo se disparó porque las empresas trabajaban a su máxima capacidad y la inflación bajó de 158% en 1985, a 62% en 1986 debido a los controles de precios, mientras que los salarios aumentaron 24%.

Su fama creció. A Alan García se le consideraba el abanderado de la democracia, la libertad y el progreso. Sí, señor. Ni más ni menos. Empresarios que lo veían con desconfianza durante la campaña y que después recibieron créditos baratos, subsidiados por el gobierno, empezaron a creer en él. Académicos de varios países (incluido México) viajaron para aprender del llamado "milagro peruano".

Este sueño, sin embargo, no podía durar por mucho tiempo, pues como bien señala Enrique Cárdenas, "hacer que la gente crea que es rica… cuando en realidad no lo es, es un procedimiento seguro para echar a perder su futuro".[24]

El despertar fue muy duro para los peruanos: la fuga de capitales, combinada con el cierre de las puertas del financiamiento internacional provocado por la moratoria de la deuda, llevaron a una escasez de divisas tan grave que el gobierno tuvo que devaluar la moneda ¡240 000%! (doscientos cuarenta mil por ciento) en cinco años.

Más de 160 mil empresas pequeñas y medianas quebraron; por consiguiente, se disparó el desempleo. Mientras que en 1985 poco más de la mitad de los peruanos en edad de trabajar tenían "chamba" (54%), para 1990 sólo dos de cada diez personas podían presumir que iban a trabajar (18% de la fuerza laboral). El salario mínimo se desplomó a 13 dólares mensuales (menos de $150.00 pesos mexicanos).

Miles de peruanos estaban sujetos a un *sueldo ateo:* ya dudaban de su existencia. Debido a la escasez de medicinas, servicios de salud, alimentos y la desnutrición, aumentó 50% la mortalidad infantil (70 mil recién nacidos fallecían antes de cumplir un año de edad), mientras disminuía el peso y la estatura en niños menores de tres años.[25]

Un número creciente de poblados se quedaron sin agua potable y sin electricidad, lo que facilitó la propagación de enfermedades como el cólera.

En estas circunstancias, igual que en Chile, aumentaron las protestas callejeras y el número de huelgas; la guerrilla

¿Por qué le tienen miedo?

encontró un ambiente ideal para multiplicar su influencia. La firma de asesoría Macroconsult estima que debido a la violencia e inseguridad en el campo, 150 mil personas abandonaron el Perú en un solo año (1988) en lo que fue considerado hasta ese momento como el éxodo más grave en la historia del país. La inflación acumulada en cinco años alcanzó la cifra increíble de 1 335 000% (un millón, trescientos treinta y cinco mil por ciento).[26]

"El saldo del gobierno de García es la inflación más alta de la historia peruana, el más descabellado sistema de controles, un desquiciamiento generalizado de sus instituciones y una grave descomposición social", asegura el ex senador Luis Bustamante Belaunde.

Alan García, "el candidato de la esperanza", es hoy tristemente recordado por muchos como sinónimo de demagogia, engaño y corrupción.

En su gobierno, el nivel de vida retrocedió 30 años. Su historiador más destacado, Jorge Basadre, definió al Perú como "una hermosa promesa que todavía no se cumple".

Hoy, dos décadas después del experimento populista, de ese desastre, Perú sigue siendo una promesa, y quizá lo sea todavía durante algunos años más.

c) Hugo Chávez (Venezuela, 1999 - ?)

En la década de los noventa, la pobreza se duplicó en Venezuela alcanzando al 75% de la población. Debido a la inflación que pulverizó los salarios, las devaluaciones y la aplicación de severos programas de austeridad que agrandaron las desigualdades sociales e hicieron retroceder el nivel de vida a los mismos niveles de 1952, la gente tomó las calles: bloqueos, huelgas, saqueo de comercios y enfrentamientos con la policía o el ejército que dejaron muertos y heridos, fueron la tónica.

Los dos grandes partidos conservadores (Acción Democrática y COPEI), que se repartieron el poder durante cuatro décadas mediante un pacto acordado entre los dos para cerrarle el paso a nuevos competidores, controlar al Congreso y al Poder Judicial, estaban totalmente desprestigiados debido a los frecuentes escándalos de corrupción que incluso hicieron caer al presidente Carlos Andrés Pérez (1989-1994), acusado de malversación de fondos y condenado por la Suprema Corte de Justicia. Se trataba, literalmente, de una oligarquía: el gobierno de unos pocos en beneficio propio.

En ese ambiente de descontento y frustración apareció un nuevo líder, un redentor, la reencarnación de Simón Bolívar que tenía la misión de liberar *del diablo* a los venezolanos: cortar las cadenas que los ataban al neoliberalismo y al imperialismo yanqui. Ese era Hugo Chávez.[27]

"La gente dice que esto no es un conflicto de clases, pero sí lo es. Puedes tratar de entenderlo de otro modo, pero la exclusión social aquí era tan profunda que debes tomar en cuenta el conflicto de clases. Cuando Chávez le habla a la gente de un mundo de desigualdad, la gente le pone atención y ellos se sienten escuchados... Si existe una palabra que caracteriza a Chávez, creo que es el resentimiento... el resentimiento guía todo lo que hace", dijo un ex funcionario del gobierno chavista que pidió el anonimato por razones de seguridad.[28]

¿Por qué le tienen miedo?

Proveniente de una familia modesta (sus padres son maestros), Hugo Chávez conquistó a las masas con su oratoria y carisma. Su madre quería que fuera sacerdote, pero él prefirió el ejército. Iniciador del "Movimiento Bolivariano Revolucionario" para "combatir la corrupción e ineptitud de gobiernos civiles que derrochan los ingresos del petróleo", protagonista de un fallido golpe de Estado en 1992 que lo llevó a la cárcel y dejó cientos de muertos en las calles, autonombrado "fundador de la Quinta República", Hugo Chávez arrasó en las elecciones presidenciales del 6 de diciembre de 1998, al ganar con 56.5% de la votación.

Es el mismo que llamó *pendejo* a George Bush en televisión por cadena nacional, pero que no deja de venderle un millón 400 mil barriles diarios de petróleo (más de la mitad de la producción total de Venezuela) porque no quiere correr la misma suerte que el general Antonio Noriega en Panamá, o de otros militares en el poder en todo el mundo que en algún momento se atrevieron a desafiar los intereses estratégicos del imperio. El mismo que se refiere a su amigo, el dictador cubano Fidel Castro, como "el campeón de las libertades".

Chávez provocó una profunda división en la sociedad venezolana, llevándola a padecer crisis económicas temporales y una permanente crisis política. Desató la furia de las élites tradicionales, que se convirtieron en una oposición pendenciera que sueña con derrocarlo para recuperar antiguos privilegios, y que lo califica de "populista, demagogo y autoritario".

Desde que tomó posesión el 2 de febrero de 1999, desató la tormenta.

Inmediatamente declaró "estado de emergencia nacional". Solicitó poderes extraordinarios para aplicar un nuevo plan de reformas económicas y disolver un Congreso dominado por "dinosaurios" del viejo régimen opuestos a él, con el fin de sustituirlo por una Asamblea Nacional más dócil y acorde con su proyecto o *revolución* como le llama.

Convocó a un referéndum para anular la Constitución de 1961 bajo la advertencia de que "o hacemos la revolución democrática o la revolución nos pasa encima". La nueva Carta Magna, promulgada el 20 de diciembre de 1999, le amplió a Chávez el periodo presidencial de cuatro a cinco años y le dio la posibilidad de reelegirse de forma inmediata. Cambió el nombre a su país por el de "República Bolivariana de Venezuela", lo que desató acalorados debates.

La Constitución le dio el control del Poder Judicial mediante la creación de la "Alta Comisión de Justicia" que le permite nombrar y destituir libremente a los magistrados. También puede nombrar al vicepresidente, convocar él mismo a referendos y disolver el Parlamento, con lo que en la práctica quedó anulada la división de poderes.

Colocó a sus más fieles seguidores en puestos clave, como la Fiscalía General de la Nación, la Contraloría y la Defensoría del Pueblo.

Sacó al ejército de los cuarteles para realizar labores civiles en las calles, en funciones que antes llevaban a cabo sindicatos y funcionarios opositores, para debilitarlos. Implantó la instrucción premilitar para niños de primaria y secundaria que incluye programas de adoctrinamiento en favor de la "revolución" y abrió las puertas de la Universidad Bolivariana a alumnos de escasos recursos de áreas

¿Por qué le tienen miedo?

urbanas y rurales con bajo rendimiento académico, algunos de ellos rechazados de otras instituciones por no haber aprobado el examen de admisión.

Para asegurarse la lealtad y subordinación de los militares, se hizo del control de los ascensos, puso a los altos mandos al frente del manejo de millonarios programas de combate a la pobreza (financiados con recursos del petróleo) sin auditorías o supervisión alguna y creó una reserva militar numerosa, fuertemente armada, dirigida por él mismo, que sirve de contrapeso al ejército.

También aprobó la llamada *ley mordaza*, con penas severas y manga ancha para que jueces fieles o sometidos por Chávez puedan castigar los *desvíos* de la prensa.

Para realizar labores de propaganda y establecer un contacto directo con el pueblo, sale al aire cada domingo con su programa de televisión, *Aló presidente*, en jornadas maratónicas que pueden superar las cuatro horas de transmisión, además de los cortes en cadena nacional que realiza otros días de la semana en horario estelar.

Todo esto le generó una fuerte oposición. Debilitado por la caída de los precios del petróleo tras la guerra entre EU e Irak, decretó el "estado de sitio" en mayo de 2001, y advirtió a las familias que tenían que prepararse para derrotar a la "contrarrevolución" que ya estaba en marcha.

Con un aumento de la pobreza en 5 puntos porcentuales en su gestión (pasó del 75 al 80% de la población), el incremento de la corrupción y la delincuencia urbana, tuvo que aceptar una devaluación de 31.4% del bolívar frente al dólar el 13 de febrero de 1992 debido a la escasez de divisas, lo que redujo el poder de compra de los trabajadores. El desempleo alcanzó el 25% de la población, la inflación se fue a más del doble en un año (pasó de 12.3% en 2001 a 31.2% en 2002, la segunda más alta de toda América Latina) mientras el crecimiento se desplomó -8.9% para hacer entrar a la economía en recesión.

"Esta revolución está armada", advirtió Chávez ante rumores de golpe de Estado.

El sector empresarial, comerciantes, partidos políticos, sindicatos y organizaciones civiles, organizaron una revuelta civil (con marchas, paros nacionales y "cacerolazos") para obligar a dimitir al presidente al grito de: "¡Fuera el loco!" El 9 de abril de 2002, poco después de la devaluación, 500 mil personas salieron a las calles para exigir la renuncia del presidente. Recibió también fuertes ataques de los medios de comunicación.

Algunos militares de alto rango, el clero, el alcalde de la capital, Caracas, y gobernadores de las provincias, se sumaron al movimiento en contra de Chávez, quien respondió cortando las transmisiones de los canales privados de radio y televisión.

Tres días después, el 12 de abril, el alto mando militar anunció la renuncia y arresto de Hugo Chávez y la formación de un gobierno de transición cívico-militar bajo el mando de Pedro Carmona, líder de los empresarios, quien de inmediato aprobó un diluvio de decretos que pretendían desmantelar las instituciones chavistas y se dedicó a perseguir a los simpatizantes del régimen anterior.

En forma increíble, el muerto resucitó y se levantó del ataúd. Con el pretexto de que el nuevo gobierno de transición con sus acciones radicales y agresivas ponía en peli-

¿Por qué le tienen miedo?

gro la estabilidad del país y podría llevarlo a una guerra civil, los militares le retiraron el apoyo a Carmona. El 13 de abril de 2002, en medio de disturbios callejeros, pillajes y tiroteos, los chavistas dieron un contragolpe (una "voltereta espectacular", dirían algunos) para restaurar el régimen. Finalmente, un sonriente Hugo Chávez regresó a Miraflores, el Palacio de Gobierno, el domingo 14 de abril de 2002.

Fueron 63 días de paro, incluida la industria petrolera, que no lograron derribarlo. Sin duda, como dice una canción de moda, "aquello que no mata, fuerza te da". Igual que Andrés Manuel López Obrador tras la cuestión del desafuero, la popularidad de Chávez se recuperó. **Se autonombró el único representante legítimo del pueblo y por lo tanto, todo aquel que está en contra de Hugo Chávez, también lo está en contra del pueblo.**

A partir de ahí y con el repunte de los precios del petróleo, se dedicó a derramar miles de millones de dólares para reforzar su popularidad. Creó 10 "misiones" o programas de gobierno para llevar educación, servicios de salud, proteger los derechos indígenas, impulsar proyectos agrícolas, medicinas, despensas, pago de pensiones, útiles escolares, entre otros beneficios, al 80% de la población de escasos recursos, apoyados por 20 mil médicos cubanos, importados de la isla específicamente para este tipo de labores. Expropió grandes extensiones de terreno que estaban en manos de los latifundistas, con un doble propósito: debilitar a las oligarquías agrarias y ganar adeptos.

Esas "misiones" o programas poco o casi nada han logrado reducir la pobreza y la marginación en Venezuela, pues no apuntan a hacer autosuficientes a sus beneficiarios, sino más bien a incrementar su dependencia.

Sin embargo, esos programas sí tienen un alto impacto político: Hugo Chávez se anotó otro éxito al ganar el referéndum "revocatorio" (cuando la gente salió a votar para decidir si debía o no continuar en la presidencia). Según la Constitución, la consulta estaba planeada para mediados de agosto de 2003. En ese momento de crisis económica por los bajos precios del petróleo, las encuestas más creíbles señalaban una probable derrota de Chávez, con un 35% a favor y 65% en contra.

Sin embargo, con tácticas dilatorias, Chávez retrasó la consulta un año, seguramente esperando mayores ingresos por el repunte de los precios del petróleo y que cuajaran sus programas de asistencia social. A fin de cuentas logró revertir la tendencia para ganar con un 60% a favor y 40% en contra, y arrasó otra vez en las elecciones: ganó 22 de 24 gubernaturas y el 70% de las presidencias municipales. Fue la octava elección ganada en cinco años. Simplemente arrollador... con la ayuda del petróleo.

"Nadie esperaba que en Venezuela, el oasis democrático, surgiera un populista con la fuerza de Hugo Chávez", dicen desconcertados algunos analistas.

Y tal vez, en estas condiciones, tampoco nadie en la oposición espere ganar las elecciones presidenciales de diciembre de 2006.

Los prejuicios de clase
Pero no sólo el estilo autoritario de AMLO, el populismo, su pasado en las calles o las experiencias traumáticas con

¿Por qué le tienen miedo?

Hugo Chávez en Venezuela y otros caudillos le ponen los cabellos de punta a las élites; detrás de ese rechazo también se esconden arraigados prejuicios de clase.

El rechazo de las clases altas hacia los perredistas no sólo se explica por la violencia con la que actúan algunos de sus simpatizantes (o *tribus* como ellos mismos prefieren llamarles), sino también por el escaso nivel de preparación de algunos militantes.

En octubre de 2002, Martha Delia Gastelum, entonces secretaria de Formación Política del PRD, dijo que de los 55 mil dirigentes que tienen en todo el país, desde el presidente del CEN y hasta el último de los comités de base, aproximadamente 30 mil están en un rango de educación que va del analfabetismo a la secundaria. "Hicimos una evaluación entre los consejeros nacionales y nos dimos cuenta de que tenemos... compañeros que apenas saben leer y escribir, eso es real".[29]

Sin embargo, aunque todos los militantes del PRD tuvieran una buena preparación académica, sospecho que aun así serían rechazados por las élites. Hablemos con la verdad: algunos no le perdonan su origen social ni a los perredistas ni a López Obrador. Hay una buena dosis de racismo detrás de todo esto.

"¡Qué horror, los nacos al poder!" es una frase que escucho en reuniones de alto nivel, entre gente *bien*, cuando se habla de la posibilidad de que AMLO llegue a Los Pinos.

"Si es así, yo me voy de México"..."¿Te imaginas a un 'cegeachero' (refiriéndose al CGH de la UNAM) como Martí Batres de secretario de Gobernación? ¡Ni Dios lo mande!", me dijo una persona que pertenece a una familia de abolengo en México.

Por más que se intente ocultarlo o minimizarlo, en el rechazo a López Obrador, a mi juicio, está latente una actitud de discriminación que se mezcla con los factores antes mencionados.

Perdón por ser tan "rudo", amigo lector, pero es la verdad: la sociedad mexicana en algunos sentidos es una sociedad bastante hipócrita; a veces gustamos mucho de guardar las apariencias y por lo regular no nos agrada llamar a las cosas por su nombre.

En términos generales (salvo honrosas excepciones), alguien puede convivir con personas a las que considera como inferiores desde el punto de vista intelectual, económico, social o cultural, pero nunca termina por integrarlas plenamente a su círculo.

"Te tolero pero no te acepto" parece ser la máxima para algunas de estas personas, que ponen especial énfasis en la clase social, el apellido o el nivel económico, en forma abierta o velada, consciente o inconscientemente.

Como hacen notar Alejandro Trelles y Héctor Zagal, "En México la riqueza está injustamente distribuida y para colmo su distribución guarda generalmente una correlación racial. Mientras más blanca es la piel, mejor es la posición económica. Cualquier extranjero se percata de ello con sólo pasearse unos días por nuestro país... Independientemente de cuál sea la explicación de este fenómeno, el hecho salta a la vista".[30]

Pero la sociedad se empeña en negarlo; en ignorar la evidencia. Si usted pregunta "¿Eres racista o practicas la dis-

¿Por qué le tienen miedo?

criminación?", la respuesta casi segura (como si le picara las costillas con un alfiler a esa persona) es: "Noooo, ¿cómo crees?... ¡Para nada!... Yo soy muy *open mind*".

Según una encuesta realizada en mayo de 2005 por la firma de consultoría Mitofski (una de las más serias y prestigiadas del país) sobre la discriminación en México, en el apartado de "pobreza" arrojó los siguientes resultados:

1. Uno de cada tres mexicanos sienten que sus derechos no son respetados por no tener dinero o por su apariencia física.
2. El 60% de los mexicanos opina que los pobres son pobres porque no se esfuerzan demasiado y que les da miedo acercarse a ellos... por su aspecto.
3. Para la mitad de los entrevistados, la reacción más común cuando una persona de aspecto pobre se acerca a ellos, es el rechazo.[31]

Esta triste realidad se presenta en muchos ámbitos de la vida, a pesar de que el Congreso aprobó una ley en contra de la discriminación: "Ley Federal para Prevenir y Eliminar la Discriminación", publicada en el Diario Oficial el 11 de junio de 2003.

Una ocasión asistí a un evento en un restaurante-bar de los más exclusivos de la ciudad de México. Me llamó la atención ver en la entrada (en la famosa *cadena*) a un miembro de seguridad alto, fornido, de aspecto nórdico: rubio, de ojos azules, finas facciones.

Rechazaba a algunas personas con actitud de desprecio y ademanes déspotas. Después, al platicar con él, le pregunté el motivo de su actitud y me dijo: "Aquí sólo entra gente bonita, rica o famosa"... "¿Nada más?", volví a interrogarlo como para estar seguro de la respuesta... "Nada más", señaló en forma contundente.

Lo irónico del asunto es que en la recepción del lugar había un pequeño letrero que decía: "Aquí respetamos la ley... a nadie se le discrimina por motivos de raza, religión, posición económica, aspecto o forma de vestir"..."Sí, claro, cómo no" fue lo que pensé.

En cuestiones de democracia, los expertos conocen de sobra el recelo, la desconfianza que las élites educadas guardan respecto a la participación de lo que ellos llaman *la plebe ignorante*.

El hecho de que las masas no instruidas puedan votar y participar en los asuntos públicos siempre ha repugnado a las élites educadas. Un remoto antecedente lo encontramos en Platón, el gran filósofo griego, quien sentía un profundo desprecio por las opiniones de la multitud, a quienes comparaba con "bestias salvajes".[32]

José Ingenieros asegura que siempre cabe la posibilidad de que algunos "audaces lacayos... pretendan suplantar a sus amos con la ayuda de turbas fanatizadas".[33]

Otro ejemplo del rechazo que tradicionalmente despierta en la aristocracia el ascenso de las clases populares, es el clásico libro de José Ortega y Gasset, *La rebelión de las masas*, cuyo título ya de por sí es bastante sugestivo. Para el eminente filósofo español, el rasgo más distintivo de una época, de una generación, es la distancia permanente que existe entre los individuos "selectos" y los "vulgares".

Debido al crecimiento de la población, al progreso técnico-científico-económico que permite a las masas elevar su

¿Por qué le tienen miedo?

nivel de vida y participar en actividades que antes estaban reservadas exclusivamente para las élites, así como a la democracia que les reconoce derechos de igualdad y de participación política, Ortega presenta una visión pesimista del futuro, augurando la decadencia cultural del mundo occidental.

En *La rebelión de las masas* usted puede encontrar frases como estas:

- "Vemos a la muchedumbre, posesionada de los locales y utensilios creados por la civilización... la masa, que, sin dejar de serlo, suplanta a las minorías."
- "En las escuelas... no ha podido hacerse otra cosa que enseñar a las masas las técnicas de la vida moderna, pero no se ha logrado educarlas."
- "La rebelión de las masas... es la invasión vertical de los bárbaros."
- "Esto es característico de nuestra época... que el vulgar proclame e imponga el derecho de la vulgaridad, o la vulgaridad como un derecho."
- "El hombre hoy dominante es un primitivo... emergiendo en medio de un mundo civilizado... El hombre vulgar, antes dirigido, ha resuelto gobernar el mundo."[34]

Ahí tiene un fiel reflejo de las ideas más conservadoras. Si cree, amable lector, que estas palabras escritas hace poco más de 70 años no tienen vigencia ni aplicabilidad en México, déjeme decirle algo que me las trajo a la mente: a principios de 2005 circuló por Internet un singular correo electrónico.

Perredistas al poder

La bandeja de entrada decía: "La nueva presentación de Whiskas" (el alimento para gatos). Al abrirlo, se desplegaba a toda página la caja del producto con un fotomontaje: en lugar de una mascota, aparece la fotografía de un sonriente Andrés Manuel López Obrador.

¿El eslogan? "Porque ocho de cada diez gatos lo prefieren", en una clara alusión a que, según las encuestas, 8 de cada 10 capitalinos aprueban su gestión.

Si esto no es discriminación... *¿entonces... qué demonios es?*[35]

Capítulo III

¿Realmente es un peligro?

"El petate del muerto"

A estas alturas probablemente usted, amable lector, estará preocupado o quizá asustado con la posibilidad de que Andrés Manuel López Obrador gane las elecciones presidenciales de 2006. A juzgar por el capítulo anterior, podría dar la impresión de que efectivamente AMLO es un peligro para México. Su estilo (populista, manipulador, autoritario) y su pasado en las calles (como agitador profesional), parecerían confirmar lo peor: da la sensación a simple vista (como dicen sus contrincantes políticos) de que podría convertirse en un Hugo Chávez.

Bajo esta óptica, parecen confirmarse las "historias de terror" con que nos quieren asustar sus adversarios. "Si los ingresos, como ha sucedido en el DF, caen y los gastos para hacer frente a todas las promesas y programas populistas se incrementan, como pasó bajo Echeverría y López Portillo… se incrementaría el déficit presupuestal, repuntaría la inflación y el endeudamiento. Los salarios de los trabajadores bajarían en términos reales, habría conflictos sindicales y se agrandarían las diferencias sociales... generaría la quiebra o la salida de algunos inversionistas en la banca... y empezaría la salida de capitales", dice Luis Pazos.[1]

En pocas palabras, una auténtica pesadilla; una desgracia política y financiera similar a la que vivimos en la época de los ex presidentes populistas Luis Echeverría (1970-1976), y José López Portillo (1976-1982).

Sin embargo, aunque hay cosas que en lo personal no me agradan de López Obrador, como analista no comparto el punto de vista de sus detractores. Que el populismo con que se conduce AMLO pueda llevar o no al país a la quiebra económica en caso de ganar las elecciones, depende de muchos otros factores.

No analizar esas circunstancias, el contexto donde se desenvuelve, implica un diagnóstico político francamente miope. Las cosas con mucha frecuencia no son lo que parecen. Es muy fácil dejarse llevar por las apariencias y repetir lugares comunes (aquello en que cree la mayoría) sin realizar un análisis más completo, objetivo, imparcial, sin apasionamientos ni tintes partidistas.

Satanizar en automático puede ser un error, como demuestra el caso del mismísimo presidente Vicente Fox, quien durante su campaña también se comportó como si fuera "el salvador de la patria" (un mesías), prometió cambios milagrosos, hizo propuestas descabelladas, amenazó con desequilibrar las finanzas del gobierno (bajando impuestos y aumentando el gasto público al mismo tiempo); en pocas palabras, tuvo un discurso cien por ciento populista que provocó el rechazo de intelectuales.

¿Realmente es un peligro?

Ya se nos olvidó que tal y como sucede con AMLO, algunos también veían a Fox como un peligro para la economía del país. Que hubo quienes pronosticaron toda clase de desgracias en caso de que llegara al poder (devaluación y fuga de capitales incluidas). Y aunque es verdad que el presidente tuvo fallas, nadie en su sano juicio puede asegurar que el populismo de Fox (quien también intenta reproducir la política social de AMLO a escala federal y duplicó la deuda interna) "destruyó" al país.

Sí veo algunos riesgos con el PRD en Los Pinos. Por supuesto que los hay... claro que sí. De eso me ocuparé más adelante. Pero aun así estoy convencido de que, en dado caso y en última instancia, López Obrador estaría más cerca de convertirse en un Lula da Silva, y no en un Hugo Chávez.

Las razones de por qué pienso esto las expongo a continuación. Pero como decía Jack el Destripador, *vámonos por partes*.

Los "camaleones" modernos

La primera es que, salvo honrosas excepciones (como la de Hugo Chávez en Venezuela), primero en la década de los ochenta en Europa y después en los noventa en América Latina, apareció una tendencia muy marcada; una *nueva generación* de políticos populistas que si bien comparten rasgos comunes con los clásicos o antiguos, al momento de llegar al poder sacan a relucir algunas diferencias importantes con los del pasado.

Perredistas al poder

Cuando se instalan cómodamente en la silla presidencial, estos señores se transforman, dejan con la boca abierta a todo mundo: lejos de destruir las economías con un desordenado gasto público como lo hicieron Juan Domingo Perón, Salvador Allende, Alan García, Hugo Chávez, Luis Echeverría o José López Portillo, mantienen el presupuesto equilibrado para cuidar la estabilidad macroeconómica (inflación a la baja y tipo de cambio sólido para evitar violentas devaluaciones) al mismo tiempo que promueven la inversión extranjera y son partidarios del libre comercio o *neoliberalismo*.

A esta nueva generación de populistas se les conoce en la Ciencia Política como **"neopopulistas"**. El prefijo *neo* significa algo "reciente", "nuevo".[2]

En el terreno de los hechos son relativamente moderados: aunque se dicen de izquierda, les gusta ubicarse en el centro, donde está la mayor cantidad de votos. Es como si los populistas clásicos hubieran sufrido una especie de *mutación* para sobrevivir y adaptarse al nuevo entorno.

Los neopopulistas modernos normalmente recurren a un *marketing* muy intenso para movilizar a las masas.

En sus mensajes juegan con las emociones del público, prometen *las perlas de la virgen*, atacan a las élites, a la gente de "derecha" que tiene el poder económico y político, con lo que en algún momento de su campaña llegan a provocar nerviosismo en los mercados financieros y picos especulativos o rebotes transitorios en las tasas de interés.

Los neopopulistas, cuando andan en campaña, son muy agresivos: amenazan con hacer cambios radicales como renegociar o declarar la moratoria de la deuda externa o

¿Realmente es un peligro?

estatizar industrias, lo que provoca temores entre algunos analistas conservadores. También amenazan con echar atrás la apertura económica o desconocer los tratados de libre comercio y emprender reformas agrarias para dotar de tierra a los pobres. Siempre hablan en nombre del pueblo y de lograr una mayor igualdad, justicia social y mejor reparto de la riqueza. Halagan a las masas para conseguir su voto, hablándoles no de lo que es correcto desde el punto de vista técnico, o de los sacrificios que se tendrán que hacer para sacar al país adelante, sino de lo que les gusta… de lo que les *endulza* el oído.

Pagan costosas asesorías para estudiar minuciosamente el comportamiento de los votantes; para averiguar sus preferencias (como estudios *cuantitativos* que buscan identificar cuántos y por quién van a votar, y estudios *cualitativos* para ubicar por qué razón van a votar por tal o cual candidato, sus valores, creencias, necesidades, fobias, sueños, fantasías) con el fin de elaborar sus campañas políticas y armar el *producto* que ellos están esperando.

Sin embargo, una vez que ganan las elecciones, dan la sorpresa: difícilmente cumplen con sus amenazas.[3]

Imagínese usted a qué grado habrán cambiado las cosas, que los socialistas *puros* acusan a los populistas modernos de ineptos, de haber perdido el rumbo y de estar amafiados con la burguesía.

De volverse cómplices de las oligarquías, pues en vez de aprovechar los momentos de estallido social para provocar una revolución, se montan en las masas para guiarlas a participar en las elecciones, con lo que controlan y desactivan estos movimientos, subordinándolos a los intereses *del gran capital* con el que a final de cuentas terminan negociando.[4]

Según estas versiones de radicales resentidos, los neopopulistas inducen a las masas a sostener a cualquier bribón que se presenta como candidato de izquierda, cuya misión es *salvar al Estado explotador*, traicionando con ello las causas populares.[5]

Aquí tiene usted algunos ejemplos del "síndrome del camaleón":

a) Patricio Aylwin (Chile, 1990-1994)

Apoyándose en un selecto grupo de tecnócratas (economistas con doctorado en Economía de prestigiadas universidades extranjeras), Pinochet logró sacar a la economía de la grave crisis en que quedó tras el gobierno socialista de Salvador Allende.

Con políticas de libre comercio, privatización, apertura a la inversión extranjera, severos recortes a los gastos del gobierno, logró reducir la inflación y alcanzar las tasas de crecimiento más altas de América Latina. Pinochet elevó a Chile a la categoría de *milagro económico*.

Sin embargo, el autoritarismo y la brutal represión que ejerció el dictador para mantener el control, dejaron profundas heridas en la sociedad chilena; auténticos traumas que aún hoy no han sido superados del todo. A pesar de que Pinochet destruyó la mayor parte de los archivos, se calcula que durante su régimen (1973-1989) hubo 2 920 víctimas de violación de derechos humanos. La mitad fueron muertos en enfrentamientos, consejos de guerra, protestas callejeras, aplicándoles la *ley fuga* o por tortura.

¿Realmente es un peligro?

Los demás están desaparecidos. El 94% fueron hombres y el 6% mujeres. Una abrumadora mayoría (el 98%) eran chilenos y en los registros se tiene reportado a un mexicano. Los más afectados fueron personas entre 16 y 35 años de edad (71%), y casi la mitad del total (49%) eran simpatizantes, colaboradores o militantes de partidos y organizaciones de izquierda.[6]

Como seguramente ya se habrá de imaginar, a pesar de los indudables éxitos económicos, amplios sectores de la población desarrollaron un profundo odio, resentimiento, desprecio por el régimen militar; un gran deseo de cambio que capitalizó Patricio Aylwin.

Por increíble que parezca, Pinochet, cegado por la soberbia que le daba la buena marcha de la economía, cometió un grave error estratégico: organizó una consulta popular el 5 de febrero de 1988 para preguntarle a los ciudadanos si querían que se quedara en el poder ocho años más. Según sus cálculos, en el remoto caso de que los chilenos dijeran "No", se organizarían elecciones sin que él participara como candidato.

La respuesta fue obvia, elemental: más de la mitad (54.6%) lo mandaron a volar.

Se desató entonces una feroz campaña electoral. Patricio Aylwin, líder del Senado, quien había ayudado a Pinochet a derrocar al gobierno socialista de Salvador Allende, formó una coalición de partidos de derecha-centro-izquierda (con la participación del Partido Comunista, que finalmente se le unió) y arremetió contra la dictadura a través de un discurso populista para movilizar a las masas.

Perredistas al poder

Prometió meter a la cárcel a los militares corruptos, elevar el gasto público en materia de vivienda, educación, combate a la pobreza y salud; elevar impuestos para los dueños del capital; reducir la brecha entre ricos y pobres; otorgar subsidios y pensiones a las familias de más escasos recursos; impulsar con créditos baratos a la micro y pequeña industria, entre otras cosas.

"Construir una patria buena y justa para todos" y "Crecimiento con equidad" fueron sus principales lemas de campaña. Aylwin puso a temblar a las oligarquías, a las fuerzas conservadoras de la derecha. La principal preocupación de los analistas era que diera un giro a las políticas económicas aplicadas por Pinochet, provocara inflación, devaluación, fuga de capitales, entre otras calamidades, dando fin al milagro económico.

Recibió muchos ataques, algunos de ellos pseudocientíficos, que pronosticaban lo peor si llegaba al poder, como un estudio que elaboró un profesor del Departamento de Economía de la Universidad de Chile.

Utilizando fórmulas matemáticas, llegaba a la conclusión de que en caso de ganar el candidato de Pinochet, Hernán Büchi (su ministro de Economía y *cerebro* del milagro económico), Chile aseguraría su prosperidad. Pero en caso de ganar Aylwin, subiría la inflación, bajaría el crecimiento y aumentaría el desempleo.[7]

En un foro internacional que organizó la fundación para la que yo trabajaba como vicepresidente en 1989 en el DF, José Piñera (ministro del Trabajo de Pinochet) nos dijo a mí y a un par de colegas analistas, en corto, que Patricio Aylwin sería "un desastre" para los chilenos.

¿Realmente es un peligro?

Como es clásico en candidatos populistas, Aylwin arrasó en las elecciones del 14 de diciembre de 1989 al ganar el 52.5% de los votos (propinándole una paliza al candidato de Pinochet, que obtuvo menos de 30%), y la mayoría tanto en la Cámara de Diputados como en la de Senadores.

Por documentos secretos que hicieron públicos la CIA, el Consejo de Seguridad y el Departamento de Estado de EU en agosto de 2003, se supo que ese mismo mes de diciembre un grupo de militares y amigos de la familia Pinochet maquinaron un plan para intentar asesinar a Patricio Aylwin y organizar una serie de actos violentos (robos y asaltos) para crear un ambiente de desestabilización en las calles que hiciera crecer en el público la necesidad de que entraran los militares para recuperar el orden y quebrar así el proceso de cambio.[8]

Sin embargo, contra todos los pronósticos, Aylwin continuó (y es más, reforzó) la política neoliberal de Pinochet: firmó tratados de libre comercio con México, Argentina, Venezuela, Bolivia y Colombia e inició los preparativos para negociar uno con EU.

Respetó la libre flotación de la moneda, la austeridad en el presupuesto (en 1993 alcanzó una ganancia o superávit del 2% del PIB), atrajo 3 mil millones de dólares en inversiones extranjeras, y lo más importante para no desbocar la inflación: realizó una reforma fiscal para financiar sanamente los programas de gobierno que apuntaban a beneficiar a los pobres.

Los resultados que obtuvo fueron sorprendentes: aumentó aún más la tasa de crecimiento (llevándola a un insólito

10% en 1992), bajó el desempleo a la mitad y aumentó el salario de los trabajadores por arriba de la inflación.[9]

Los niveles de aprobación fueron los más altos que se habían alcanzado en Chile hasta ese momento, y el candidato de su coalición, Eduardo Frei, volvió a arrasar en las elecciones presidenciales de diciembre de 1993, ganando el 58% de los votos, más de los que había conseguido Patricio Aylwin, sin duda, uno de los grandes camaleones del siglo XX.

b) Carlos Saúl Menem (Argentina, 1989-1999)

Líder de las juventudes peronistas, preso en dos ocasiones por motivos de tipo político, abogado defensor de los perseguidos por la dictadura y dotado con un gran carisma, Carlos Saúl Menem parecía ser un digno sucesor de Juan Domingo Perón para continuar con la tradición del Partido Justicialista en favor de los *descamisados*.

Llegó a la candidatura presidencial en medio de una grave crisis. Raúl Alfonsín, el anterior presidente, dejó la economía hecha un desastre: desplome de -6% del PIB, inflación de 5000% por ciento al año (una barbaridad), desempleo galopante por la masiva quiebra de empresas y deuda externa por 63 mil millones de dólares.

¿Cómo levantar el ánimo de las masas decepcionadas y empobrecidas? Menem se apoyó en todo momento en un discurso demagógico donde atacó a las élites, prometió elevar el gasto social en salud, educación, pensiones, alimentación, combatir la corrupción, eliminar las desigualdades

¿Realmente es un peligro?

sociales, acabar con el desempleo y encarcelar a los militares represores del pueblo.

Era él un iluminado que conduciría a la Argentina a la paz, la prosperidad y la felicidad. "Hermanas y hermanos: Yo, Carlos Saúl Menem... me he impuesto la tarea esencial de terminar con los privilegios en nuestra querida patria. Sin embargo, en este día me siento un auténtico privilegiado, porque tengo el inmenso privilegio de encontrarme junto a ustedes, de abrazarlos en mi corazón."

Prometió lo imposible: "He expresado en mi campaña electoral que la Patagonia iba a ser la capital de la Revolución Productiva. Vengo a ratificar ese concepto, estamos poniendo en marcha este proceso revolucionario".

Apeló al pueblo como supremo motor del cambio: "Deseo renovar mi confianza en todos ustedes como motores y protagonistas fundamentales de este cambio".

Condenó a sus enemigos contando con la bendición del Reino de los Cielos: "Perdieron, fracasaron rotundamente y ahora nosotros tenemos esa oportunidad que nos dio el pueblo y Dios y no la vamos a desperdiciar. Quien me ataca los ataca".

Presumió de honestidad y transparencia: "Hermanas y hermanos de mi patria, deseo dirigirme hoy a cada uno de los argentinos para formular una convocatoria sincera. Amplia. Generosa. Despojada de todo tipo de interés sectario o de especulación mezquina... Pretendemos inaugurar esta etapa jugando limpio, como siempre. Con transparencia y equidad".

Se autodefinió como un humilde siervo, al servicio de la nación: "Aquí hay algunos abuelos que vinieron en una marcha allá por 1946 en una caravana... a reclamar lo que por derecho les corresponde... En 1946 estaba el general Perón como presidente de la Argentina y... vuelven ahora que hay un gobierno justicialista también, que conduce este humilde hermano de ustedes, discípulo del general Perón".

Y anunció el advenimiento de una nueva era: "Hagamos flamear todas las banderas, la bandera de la Argentina, la bandera de la fe que es la bandera de Dios, la bandera de la esperanza que es la bandera del pueblo".[10]

Algunos aseguran que más que político, Menem parecía un artista o un cantante de rock haciendo campaña.

Como todo buen populista que se sabe enganchar emocionalmente con el público, arrasó en las elecciones presidenciales del 14 de mayo de 1989 con el 47.4% de la votación, muy por arriba de Eduardo Angeloz, su más cercano competidor (32.4%).

A petición del propio Raúl Alfonsín, quien *tiró el arpa* para evitar que la crisis se agudizara, Menem tomó el poder el 8 de julio, cinco meses antes de lo programado. La expectativa de campesinos, obreros y clases marginadas era alta: el peronismo estaba de regreso. Sin embargo, Menem se portó como el más radical y fanático de los neoliberales.

Para equilibrar el presupuesto del gobierno, aplicó un programa *draconiano* de ajuste: recortó el gasto público (suprimiendo diversos gastos sociales), congeló los salarios (lo que hizo perder poder adquisitivo a los trabajadores) y aplicó –según sus críticos– un programa de privatizaciones "salvaje". Se deshizo de más de 400 empresas estatales entre las que se encontraban la Compañía de Petróleo, de telecomunicaciones, líneas aéreas, entre otras.

¿Realmente es un peligro?

También entregó a la iniciativa privada el manejo de diversos sistemas estatales de salud.

Prácticamente se dedicó a desmantelar el estatismo que con tanto fervor se había dedicado a construir Juan Domingo Perón, según él su santo patrono. El Fondo Monetario Internacional y el Banco Mundial lo declararon su *alumno más aventajado* en América Latina.

Todo esto le trajo enemigos y airadas protestas dentro del Partido Justicialista. Su esposa Yoma (con quien llevaba una vida de escándalos e infidelidades) lo acusó, tras un fuerte pleito casero, de haber traicionado los principios más sagrados del peronismo.[11]

Para colmo de males, contrario a lo que prometió en su campaña, indultó a los militares que participaron en actos de represión y sacó de la cárcel a los máximos culpables de violar los derechos humanos, como Jorge Videla y Leopoldo Galtieri, entre otros.

Los dos primeros años de gobierno fueron muy difíciles debido a que el programa de ajuste (conocido como Plan Austral) agudizó el desempleo y la recesión económica. También llegaron escándalos de corrupción: el juez español Baltasar Garzón (el mismo que se encargó de Pinochet) comenzó a investigarlo por lavado de dinero, presuntamente proveniente del narcotráfico.

Su primera esposa, Yoma, fue arrestada en julio de 1992 acusada de introducir maletas llenas de narcodólares a Argentina y salió bajo fianza gracias a las influencias de Menem, quien como todo buen populista, recurrió a la *teoría del complot*: presentando el caso como una prueba de que se había preparado una *conspiración* internacional en su contra.

A pesar de todo, igual que Juan Domingo Perón, logró que se pusiera en vigor una nueva Constitución (el 23 de agosto de 1994) para poder reelegirse, adoptando la modalidad norteamericana de dos periodos presidenciales de cuatro años cada uno. Volvió a ganar con el 49.6% (más de lo que logró en la elección anterior) y además obtuvo para su partido mayoría en el Congreso.

¿El secreto? Su popularidad estaba en su máximo nivel debido a que logró superar la crisis, resolver el problema económico que es una de las grandes preocupaciones de los votantes: en 1991 la economía creció 4.5% y para 1996 la inflación fue de 0.1%, el alza de precios más baja del orden mundial en ese momento. Intentó reelegirse otra vez en 1999, pero el desgaste del abuso de poder, combinado con nuevos escándalos de corrupción y sobre todo otra grave crisis económica, desplomaron su popularidad y tras haber perdido la mayoría en el Congreso, tuvo que entregar el poder. Ese fue un triste adiós para quien fuera el gran *traidor* del peronismo.

c) Alberto Fujimori (Perú, 1990-2000)

Hijo de campesinos japoneses que emigraron al Perú en los años treinta, Fujimori es considerado como un auténtico fenómeno del *marketing* político; un *tsunami electoral* que arrasó con todo a su paso, pues prácticamente salió de la nada para en pocas semanas posicionarse ante el público, subir como la espuma en las encuestas y vencer por nocaut

¿Realmente es un peligro?

al favorito en aquel entonces: el aclamado escritor Mario Vargas Llosa.

En enero de 1990, cuando Fujimori apareció por primera vez en un lejano tercer lugar en las encuestas, le preguntaron a Vargas Llosa en un programa de televisión su opinión: *¡Pero a ese chinito nadie lo conoce!*, fue lo que contestó. En ese momento le sacaba "al chinito que nadie conocía", 20 puntos porcentuales de ventaja. Sin embargo, el destino le jugaría una mala, muy mala pasada.[12]

Fujimori es de esos populistas que saben explotar muy bien su origen humilde y la discriminación de la que son objeto las clases populares por parte de los ricos. "Aquí estamos pues los chinitos y los cholitos", solía decir en los mítines de campaña ante miles de personas.

El éxito de su eslogan "Un presidente como usted", se explica porque votaron por él cholos, indios, campesinos, obreros, burócratas, taxistas, microempresarios, ambulantes que trabajaban en la economía informal (al margen de la ley) y que eran la mayoría en el Perú: 6 de cada 10.

La gente más pobre que no creía en los partidos políticos se identificaba con él; por eso lo llamaban *la voz del pueblo*.

En cambio Vargas Llosa, un aristócrata de excelente presencia, finos modales y buen vestir, era el candidato favorito de las élites "blancas"; de *la clase dominante,* como diría gente de izquierda. En su lista de simpatizantes, por supuesto que figuraban los hombres más ricos e influyentes del país, tanto empresarios como grandes terratenientes.

"Mario Vargas Llosa empezó a perder votos y Alberto Fujimori empezó a ganarlos en el momento en que quedó claro que el espacio político original de aquel había sido abandonado y que tenía ya un nuevo ocupante", declaró con cierta tristeza el coordinador de su campaña, Enrique Ghersi.[13]

En la primera vuelta Fujimori quedó a sólo tres puntos de distancia de Vargas Llosa, pero en la segunda lo apaleó: 56.5% para Fujimori, 33.9% para Vargas Llosa, una voltereta espectacular.

En agosto de 1990 estuve presente en una cena que se le organizó a Mario Vargas Llosa en el restaurante Winston Churchill's de Polanco. En la mesa que compartimos con él alrededor de nueve personas, le preguntamos por qué había perdido las elecciones. "Porque yo no le sé decir mentiras a la gente", fue lo que nos respondió.

Y abundó: "Les dije la verdad a los peruanos: que si querían salir de la crisis, les tenía que aplicar una 'terapia de shock'… un programa de ajuste drástico para corregir los desequilibrios… que por lo mismo la situación se iba a poner más difícil… que bajaría aún más el crecimiento y aumentaría el desempleo, pero que a la larga los iba a curar… que no había de otra: era necesario". Mis compañeros y yo nos quedamos sorprendidos al escuchar esto.

Fue en ese momento cuando comprendí que a pesar de su gran estatura intelectual, de su bien merecida fama mundial, aún así, Mario Vargas Llosa no tenía sensibilidad política. Definitivamente no estaba hecho para esas lides.

Y es que imagínese esto, amable lector: usted ve a su alrededor que la economía se desploma; que el salario mínimo baja a 15 dólares mensuales; que hay ciudades sin luz, agua potable ni electricidad; que 150 mil personas hu-

¿Realmente es un peligro?

yen del país por hambre; que la devaluación acumulada rebasa el millón por ciento; que usted no tiene trabajo, ni qué llevar de comer a su familia.

Y de repente aparece un candidato que le dice: "Lo que tú necesitas es apretarte el cinturón... te voy a aplicar una 'terapia de shock'".

¿Qué pensaría?: "Este cuate me quiere 'electrocutar'". El mensaje implícito es: "Si voto por él las cosas se van a empeorar... Dios me libre"... ¿o no?

En cambio, qué pensaría si por otro lado aparece un candidato de amplia sonrisa que inspira confianza, y le dice: "No te preocupes, yo voy a convertir a Perú en otro Japón"... ¿qué pensaría? Este ejemplo refleja la diferencia entre uno y otro; el impacto mercadológico tan diferente que explica en parte el resultado electoral.

Un analista asegura que esta forma de seducir al votante no debe sorprendernos porque después de todo, el pueblo, *siempre se ha alimentado de "pan y circo"*.[14]

Sin embargo, lo más increíble es que al llegar al poder Fujimori se transformó, se olvidó de sus promesas de campaña, de su fanatismo socialista de juventud, y aplicó, casi exactamente, paso a paso, el mismo programa de gobierno que tenía contemplado Mario Vargas Llosa: es decir, su famosa *terapia de shock* que tanto había asustado a los votantes. "Nada más faltó que Fujimori me llamara a la oficina para pedirme prestado mi programa de gobierno", dijo Vargas Llosa en esa cena, y los presentes reímos con singular alegría por tan simpática ocurrencia.

Lo más curioso del caso es que, a final de cuentas, no fue una vacilada: Fujimori no llamó a Vargas Llosa, pero sí a

Perredistas al poder

Hernando de Soto, autor del libro *El otro sendero* (un bestseller), y socio fundador con Mario Vargas Llosa del Instituto Libertad y Democracia, un proyecto *neoliberal* financiado por organizaciones de EU. Fujimori, que se jactaba de decir que "no haría nada que afecte el poder de compra de los peruanos", invitó a Hernando de Soto como asesor principal. De Soto, amigo y también asesor de Vargas Llosa, le advirtió a Fujimori que frenar la inflación sin un programa *de shock* era imposible.

Hizo los arreglos para que el 29 de junio de 1990 se llevara a cabo una reunión cumbre en el piso 38 de la sede de la ONU en Nueva York. Asistieron Javier Pérez de Cuellar, secretario general de Naciones Unidas; Michel Camdessus, director del Fondo Monetario Internacional (FMI), Barber Conable, presidente del Banco Mundial y Enrique Iglesias, presidente del Banco Interamericano de Desarrollo (BID). La crema y nata del neoliberalismo mundial. En un principio, cuando Fujimori no estaba de acuerdo se hacían largos silencios. Pero cuando empezó a mostrarse convencido, Michel Camdessus declaró que esas palabras eran "música celestial para sus oídos".[15]

Fujimori recortó drásticamente el gasto público (en lo que se conoció como el *fujishock*), se abrió al libre comercio, atrajo inversiones extranjeras, aplicó programas de retiro voluntario para reducir la burocracia y privatizó empresas estatales.

Como él mismo reconoció: "La burocracia dorada campeaba a diestra y siniestra en 180 empresas públicas que arrojaban pérdidas en el orden de los 2500 millones de dó-

¿Realmente es un peligro?

lares". Un diagnóstico que hubiera hecho palidecer de envidia a cualquier economista neoliberal.[16]

Recibió un país en quiebra en 1990, que padecía una recesión del -6% del PIB y una inflación de 7500%. Sin embargo, para 1997 la economía creció casi 7% mientras que la inflación bajó a 6% ese mismo año, un éxito notable. Su popularidad aumentó.

Debido a los buenos resultados económicos y a que contaba con el apoyo del ejército y del pueblo, la noche del 5 de abril de 1992 dio un "autogolpe" de Estado: disolvió un Congreso al que acusaba de no dejarlo trabajar, de tener estancado al país y provocar parálisis legislativa. Suspendió la Constitución y reorganizó a su conveniencia el Poder Judicial.

El 13 de septiembre de 1992 logró otro golpe espectacular al capturar a Abimael Guzmán, el temido líder del grupo guerrillero Sendero Luminoso, lo que fortaleció aún más sus índices de popularidad.

En el mes de noviembre por fin ganó la mayoría en el Congreso, lo que le permitió incurrir en la misma tentación de otros líderes populistas: modificar la Constitución para reelegirse. También arrasó en las elecciones presidenciales del 9 de abril de 1995 con 64.4% de la votación, aplastando a Javier Pérez de Cuellar, ex secretario general de la ONU, quien apenas ganó el 21.8%, lo que confirma la sospecha de que al votante (al menos en América Latina) poco le importa el Estado de Derecho o si su líder es autoritario: mientras le resuelvan sus problemas económicos, como asegura Latinobarómetro, seguirán dándole su apoyo.

Perredistas al poder

Sin embargo, tal y como sucedió en otros casos, el abuso y exceso de poder hicieron aparecer la corrupción.

Combinado con una recesión económica en 1998, su popularidad empezó a declinar, al grado de que tuvo que recurrir a un gran fraude electoral para poder reelegirse por segunda ocasión en abril del año 2000, lo que incluso le provocó el repudio de la comunidad internacional. Poco le importó: el 28 de julio de ese año tomó posesión en medio del descontento generalizado y de disturbios callejeros.

Finalmente un *videoescándalo* lo hizo caer: el 15 de septiembre, Vladimiro Montesinos, asesor de Fujimori desde 1990, un militar que había sido expulsado del ejército y que era conocido por la oposición como "la Bestia Negra" por las labores de espionaje que realizaba a través de la policía secreta, fue pillado cuando trataba de sobornar a un diputado, entregándole dinero en efectivo.

El 14 de noviembre huyó para refugiarse en Japón y presentó su renuncia por medio de una carta. El Congreso, seis días después, lo declaró *moralmente incapacitado* para ejercer el cargo, quedando destituido, mientras el procurador confirmó nexos de lavado de dinero y enriquecimiento ilícito con Montesinos. Populista hasta el final, Fujimori recurrió a la *teoría del complot*: se declaró víctima de una persecución política, según él, digna de la época de la Inquisición en la Edad Media.

d) Luis Ignacio Lula da Silva (Brasil, 2003 - ?)

"La violencia es la partera con ayuda de la cual una vieja sociedad da a luz a una sociedad nueva", decía Carlos Marx,

¿Realmente es un peligro?

el padre del socialismo.[17] Por eso los izquierdistas *puros* siempre aspiraron no a reformar la propiedad privada, sino a abolirla; no a disminuir los conflictos de clase, sino a abolir las clases sociales; no a mejorar la sociedad, sino a crear una nueva a través de la revolución.[18]

Sin embargo, aun el mismísimo Carlos Marx, quizá un poco desesperado por las derrotas de los alzamientos obreros en el siglo XIX, en alguna ocasión promovió la posibilidad de llegar al poder por la vía pacífica (ganando elecciones).

Cuando redactó la declaración que fundó la Primera Internacional Socialista (28 de septiembre de 1864), escribió que el propio desarrollo de la lucha de clases haría posible la maduración de la clase trabajadora para formar su propio partido político, con miras a conquistar el poder.[19]

En ese sentido, ¿qué mejor alumno para organizar a los trabajadores que Luis Ignacio *Lula* da Silva? ¿Quién mejor que un obrero de la industria metalúrgica, surgido de las zonas más miserables del Brasil, que fue capaz de fundar el Partido del Trabajo (PT), el partido de izquierda mejor organizado, el más grande e importante de América Latina?

Lula da Silva parecía ser el prototipo ideal para conducir a las masas proletarias al poder: hijo de padres campesinos analfabetas, no terminó ni siquiera el segundo año de secundaria, pues tuvo que ayudar a sostener a su familia desde pequeño. Vendió frutas en un tianguis, fue mensajero, mozo de tintorería y bolero, antes de entrar a trabajar como tornero en una fábrica, gracias a un curso de capacitación impartido por el gobierno (en la fábrica perdió en un accidente el dedo meñique de la mano izquierda).

Perredistas al poder

Una historia que empieza desde los arrabales y termina en la cúspide del poder, a diferencia de tantos otros políticos hipócritas que nacen en pañales de seda pero que se esmeran en fabricarse una imagen de origen humilde para engañar a los electores. Incluso el padre de Lula, un hombre de carácter violento, murió alcoholizado en las calles de Sao Paulo donde trabajaba como albañil.[20]

En 1975, a los 30 años de edad, ganó la presidencia del sindicato con el 92% de los votos, pasando a representar a 100 mil trabajadores. Apreciado y respetado por sus compañeros, fue reelegido tres años después, casi por unanimidad: 98% de los votos. Es entonces cuando Lula se convierte en un auténtico dolor de cabeza para el gobierno en turno: es el principal promotor de huelgas, movilizaciones y cierres callejeros. Igual que López Obrador, él también se forjó en las calles.

A tal grado se convierte en una pesadilla, que en 1979 el gobierno aprueba una ley que prohíbe las huelgas. Lula desobedece y su sindicato es intervenido; dos años después es encarcelado por la dictadura militar. Estas dos experiencias le dan fama nacional, reforzando su liderazgo.

En 1980 funda el Partido del Trabajo (PT), de carácter radical, marxista. ¿Su programa de gobierno? Educación gratuita para todos, prohibiendo al gobierno canalizar ayudas a escuelas particulares; estatizar la industria farmacéutica, transportes colectivos, bancos (para canalizar créditos a la pequeña y mediana empresa), industria del cemento (para construir viviendas de interés social) y jornada laboral de 40 horas sin bajarle el sueldo a los trabajadores, entre

¿Realmente es un peligro?

otras propuestas consideradas como *descabelladas* por las clases dominantes.

Lula le declara la guerra al neoliberalismo. Pide se suspendan los pagos de la deuda externa. Asegura que la ayuda del FMI es como recibir "el beso de la muerte". Se exhibe públicamente con el dictador cubano Fidel Castro... asusta a las élites.[21]

En enero de 2001 organizó el "Primer Foro Social Mundial", que reunió a organismos civiles, partidos políticos, activistas antiglobalización y ex guerrilleros de todo el mundo. Ellos lo consideran el campeón de las izquierdas en América Latina. En cambio los conservadores ven en Lula a un populista que, de llegar al poder, decretará la estatización de la economía, aumentará los impuestos, derrochará los ingresos públicos y pondrá en fuga a la inversión extranjera. La misma visión que tienen de López Obrador los conservadores en México.[22]

Lula es derrotado en tres elecciones presidenciales consecutivas (1989, 1994 y 1998), pero para las elecciones presidenciales de 2002 cambia de estrategia: se convence de que sin el voto de las clases medias urbanas, ubicadas en el *centro*, jamás podrá ganar. Modera su discurso y se deja ver en público con prominentes hombres de negocios.

Se pone traje y corbata, sonríe ante las cámaras y se muestra ante ellas con su esposa e hijos como buen padre de familia. El PT arrasa en las elecciones: gana en la primera vuelta por una ventaja de 23 puntos y en la segunda obtiene el 61.3% de la votación. Se convierte en el presidente más votado en la historia de Brasil al conquistar el corazón de 60 millones de votantes.

Perredistas al poder

Aun así la desconfianza de los inversionistas es grande: cuando las encuestas lo dan como seguro ganador, la moneda se devalúa 30% en unas semanas, bajan las reservas de divisas y aumentan los niveles de riesgo para invertir en el país. Pero al pueblo, al hombre de la calle, le tenían sin cuidado las grandes cifras de la macroeconomía.

El día de la victoria (27 de octubre de 2002, en plena crisis) se desató un ambiente de fiesta; un auténtico carnaval en las calles. Miles de brasileños querían acercarse, tocarlo. "Ahora sí tenemos un gobierno popular", "Brasil despertó", fueron algunas de las frases que se escucharon durante la celebración.[23] "Es el momento más feliz de mi vida", dijo Lula con lágrimas en los ojos, abrazando a su esposa. "Brasil ha votado hoy por el cambio. La esperanza ha vencido al miedo."[24]

Y entonces vino la gran transformación. Lula aseguró que no habría milagros. Ante la sorpresa de propios y extraños, empezó a hablar como si fuera neoliberal: se comprometió a controlar la inflación con una severa política de austeridad; honrar los contratos firmados por el gobierno (no a la moratoria de la deuda). Estaba dispuesto a recibir ayuda, "el beso de la muerte" del FMI.

Lula había mandado ya algunas señales en medio de la euforia de la campaña, que nadie quiso ver o que fueron interpretadas como simples estrategias para ganar. El 6 de octubre de 2002, por ejemplo, en una entrevista por televisión, aseguró que su imagen era postiza. Igual que López Obrador, quien asegura que "antes era radical, pero ahora me volví moderado". Pero nadie prestó atención.

¿Realmente es un peligro?

"Ese Lula serio y bravo era una invención nuestra. Mía y de la cúpula del PT. Nosotros creíamos que tenía que ser así", se sinceró. Sucedió como en las telenovelas: había creado un personaje... nada más.[25]

"Lula no nos quita el sueño", "respetaremos los resultados", "no tenemos candidato", "la relación con Brasil no va a cambiar gane quien gane", declararon varias veces altos funcionarios del gobierno de EU. Ellos sí supieron interpretar los mensajes que mandaba Lula tras bambalinas. De hecho el presidente George Bush fue el primero en felicitarlo por teléfono y lo recibió en la Casa Blanca unas horas antes de tomar el poder, en diciembre.

Lula bromeó con su nuevo amigo, el jefe máximo del imperio. Saliendo de la reunión, un grupo de periodistas le preguntaron si había "habido química" entre él y Bush. Lula contestó: "Yo no entiendo de esas cosas de la química... a mí la que me gusta es mi esposa".[26]

Le llovieron elogios del FMI por el escrupuloso cumplimiento de los pagos de la deuda y por los severos recortes aplicados al gasto público, que si bien provocaron un estancamiento en el primer año de gobierno (la economía apenas se movió 0.3% en 2003) y aumentó el desempleo, en cambio ayudaron a bajar la inflación de 12.5% en 2002, a 9.3% el siguiente año.

En octubre de 2003 apareció en una encuesta de la firma Zogby International, realizada entre las élites del continente, en primer lugar entre los presidentes de América Latina por la promoción de valores empresariales... es decir, neoliberales.[27]

Perredistas al poder

David Konzevik, economista argentino que dirige una firma de consultoría internacional con sede en la ciudad de México, acuñó una famosa frase durante la conferencia que impartió en el Foro Económico Mundial en Río de Janeiro, Brasil: "En un mundo globalizado, el poder es como un violín: se toma con la mano izquierda, pero se toca con la derecha".[28]

En agosto de 2003 Lula logró su victoria más importante en materia de reformas. La coalición de partidos que lo llevó al poder aprobó los cambios al sistema de pensiones que aumentó el límite de edad de los burócratas para jubilarse, de 53 a 60 años de edad. Igual que en México, las jubilaciones son una pesada carga para las finanzas públicas de Brasil: absorben casi 20 mil millones de dólares al año. Los ahorros serán canalizados por Lula a su programa "Hambre Cero", que trata de garantizar a los brasileños más humildes que coman tres veces al día.

Fue una reforma típicamente neoliberal, que ni siquiera los presidentes más derechistas habían logrado sacar adelante. "Había un temor mayúsculo con Lula. Se pensaba que era un monstruo y resultó ser un buen cachorro", dijo Odiar Abate, economista en jefe de Lloyd Bank, una de las firmas de inversión más importantes de todo el mundo.

Lula hizo fama de hábil negociador. "Eso es lo que le hace falta al *tarugo* de Fox: saber negociar", era lo que me decían muchas personas en aquella época. Y como era de esperarse, ese tórrido romance con la derecha le provocó el odio de los izquierdistas más radicales dentro del PT.

"¡Traidor, traidor!" le gritaron miles de manifestantes que salieron a las calles para protestar por la reforma.

¿Realmente es un peligro?

Cientos de ellos incluso quemaron sus credenciales de militantes y banderas rojas con la estrella blanca, el símbolo del PT. Cuatro diputados fueron expulsados del partido en diciembre de 2003 por negarse a votar en favor de la reforma; es decir, por no querer dar el giro a la derecha.

Parecía cumplirse la profecía de Lenin, el padre del socialismo ruso, para quien "el imperialismo", con sus grandes ganancias, tiene la posibilidad de corromper a los líderes obreros para convertirlos en sus aliados, en pequeñoburgueses que traicionan las grandes causas populares.[29]

En junio de 2005, justo cuando la economía iba *viento en popa* (bajaron el tipo de cambio, las tasas de interés y la deuda externa; las exportaciones alcanzaron niveles récord y aumentó el crecimiento a casi 5% en 2004), estalló el escándalo y se supo la verdad: no era la habilidad de Lula para negociar lo que favoreció las reformas, sino la corrupción.

El PT canalizó 4 millones de dólares para sobornar a los legisladores. Les daban un sobresueldo mensual de 12 500 dólares, unos 120 mil pesos mexicanos. Cayeron ministros importantes del gabinete; renunciaron el tesorero y el presidente del PT. Tres partidos fuertes de la coalición abandonaron a Lula, con lo que se debilitó frente el Congreso. Ahora piden juicio político para destituirlo.

¿Será obligado a renunciar? ¿Terminará su mandato y logrará reelegirse? En medio de la grave crisis política que azota a Brasil, de la tormenta, es un misterio. Pero sean peras o sean manzanas, no cabe duda de que Lula da Silva es uno de los grandes camaleones de todos los tiempos.

Alguna vez le preguntaron al ingeniero Cuauhtémoc Cárdenas, del PRD, si la victoria de Lula podría traer consecuencias importantes. "Es una posibilidad única de aplicar nuevas políticas que estén en contra de las políticas neoliberales", respondió en tono muy solemne.[30]

Vaya despiste el del ingeniero...

¿Por qué se transforman?

La pregunta que seguramente se estará usted haciendo en este momento es: ¿qué habrá cambiado en el mundo para provocar ese tipo de reacciones, el "síndrome del camaleón", una enfermedad tan típica de nuestra época?

Son muchos factores, pero uno de ellos, sin duda, es el fracaso de las ideologías.

En las democracias modernas va creciendo cada vez más el número de personas que no tienen partido. Ciudadanos independientes a quienes no les dicen nada los términos "derecha" o "izquierda". Que les importan un comino las teorías de los grandes apóstoles del neoliberalismo como Ludwig von Mises o del "socialismo metafísico" de Karel Kosík.

Que hoy podrían votar por el verde, mañana por el amarillo y pasado mañana por el azul, sin ningún remordimiento ni cargo de conciencia. Es el llamado *voto útil*.

Un buen ejemplo de este fenómeno lo tenemos en México: en las elecciones intermedias de 1997, el partido que más creció fue el PRD. Alcanzó la máxima votación de toda su historia con un 22% del total. Arrasaron en el DF: Cuauhtémoc Cárdenas superó por amplio margen a sus

¿Realmente es un peligro?

contrincantes y se llevó varias delegaciones políticas del DF. En ese momento se habló de *la ola amarilla*.

Sin embargo, en las elecciones presidenciales de 2000, apenas tres años después, la gente votó por el PAN, partido que obtuvo el 42.5% de la votación. ¿Es posible que el electorado haya cambiado drásticamente de ideología, moviéndose en muy poco tiempo de un extremo a otro, de izquierda a derecha? Por supuesto que no. Ese comportamiento no habla de ideologías, sino más bien de pragmatismo: del deseo de deshacerse del viejo régimen autoritario.[31]

Las democracias modernas están dominadas por ciudadanos que tienden a votar más por las cualidades de los candidatos, por la imagen que proyectan, por la percepción que tienen acerca de ellos, y no por sus partidos ni por sus programas de gobierno. Esos votantes son los que en última instancia deciden las elecciones. A ellos, a los que no tienen ideología, es a los que se tiene que convencer, a los que se tiene que complacer. A ellos se deben enfocar las baterías en una campaña electoral.

Un buen candidato tiene que ubicarse justo en el centro si no quiere perder la contienda. Volverse un líder *cacha todo* si desea pasar por encima de sus contrincantes. Esto impone una presión muy fuerte para los políticos modernos de todas las tendencias. Claro que de repente aparecen por ahí radicales empuñando banderas ideológicas.

Y aunque pegan algunos sustos, por lo regular fracasan en su intento de alcanzar el poder. Ahí están los casos de Le Pen en Francia, Evo Morales en Bolivia o Ross Perot en EU. Fuera de esos casos raros, de esos ejemplares exóticos de la fauna política, cuesta cada vez más trabajo distinguir entre unos y otros. Resulta que ahora todos son de *centro*; todos son moderados desde el punto de vista ideológico. Milagrosamente desaparecieron los fanáticos, los que se ubicaban en un extremo u otro.

Acusarlos de "capitalistas" o "socialistas" es una ofensa; algo que los desprestigia y que inmediatamente salen a desmentir. Ya no es motivo de orgullo como en la época de nuestros abuelos. Ponerle etiqueta ideológica a un candidato es incluso un arma que utilizan sus oponentes para restarles votos, popularidad. Y conforme aumenta el nivel de ingresos, la educación de las personas, la presión se va haciendo cada vez más aguda en este sentido.

En pocas palabras, los líderes pragmáticos saben que tienen que seducir a las masas para llegar al poder. Que tienen que apoyarse en un discurso populista para convencerlos. Pero saben también que para tener éxito, para lograr crecimiento económico y generar empleos ya siendo gobierno, necesitan aplicar otro tipo de medidas: dolorosas, costosas, impopulares, de las que jamás les hablaron en la campaña.

¿Se imagina qué hubiera pasado con Vicente Fox de haberse animado a pregonar a los cuatro vientos su intención de aplicar IVA en alimentos y medicinas en caso de llegar al poder? Vamos, hombre, jamás hubiera ganado, amable lector… no gana.

Como vimos en el primer capítulo, los motivos que inclinan a la gente a votar son bastante pasionales; de carácter emocional, no racional. Por eso es tan importante que un candidato inspire confianza; que la gente le crea. Esa es una de las palabras clave para triunfar.

¿Realmente es un peligro?

Sin esos atributos que da el carisma, es muy difícil tener éxito en un mercado electoral cada vez más competido. ¿Cómo puede inspirar confianza alguien que es un fanático de derecha o de izquierda; alguien que amenaza con hacer cambios radicales, costosos o impopulares; con provocarle dolor o sufrimiento a los votantes?

Esa fue una de las razones por las cuales perdió Mario Vargas Llosa frente a Fujimori: porque le habló a la gente de sacrificios en medio de una grave crisis; les habló de austeridad en medio de la miseria, de un camino sombrío, lleno de escollos. Enarboló la bandera ideológica de la "derecha".

En cambio el *chinito* Fujimori (quien por cierto de chinito no tiene nada porque es japonés) fue mucho más audaz al decirle a la gente que él convertiría "a Perú en otro Japón". Les dio esperanza para salir de su deprimente situación, les inyectó ánimo en medio de la desesperación, aunque ya en el poder actuó sin contemplaciones: con la misma rudeza con que amenazaba hacerlo Vargas Llosa.

Después de tres sonoros fracasos donde estaba orgulloso de su ideología de "izquierda", Lula da Silva lo comprendió muy bien y por eso modificó poco a poco su discurso, para ganarse a los votantes de "centro" y tener la oportunidad de que esas personas lo llevaran al poder en el cuarto intento. Lo mismo podemos decir de Andrés Manuel López Obrador el día en que la Cámara de Diputados le quitó el fuero: en su discurso frente a Palacio Nacional en el Zócalo de la ciudad de México, contra lo que esperaban sus fanáticos y las *tribus* perredistas, se mostró bastante conciliador, rechazó la violencia y pidió calma a sus seguidores.

Perredistas al poder

Los invitó a no exaltarse y mantener el orden, raro en un perredista tan combativo como él. Algunos de sus seguidores, dispuestos a todo para impedir que le quitaran el fuero (algunos incluso armados con piedras, palos, cadenas y bombas molotov, según versiones periodísticas), se decepcionaron. Quienes estuvieron presentes esa mañana en la explanada del Zócalo aseguran que por momentos se hizo un largo silencio, provocado por la sorpresa y la desilusión.

El orador parecía otro, no aquel Andrés Manuel López Obrador que se enfrentaba a la policía, que bloqueaba carreteras o incendiaba pozos petroleros. Para no perder el respaldo popular, advirtió a militantes y simpatizantes: "Nada de violencia. Nada de caer en provocaciones. Este movimiento es, ha sido y será pacífico".[32]

La treta mercadológica fue cuidadosamente planeada para presentar a AMLO como víctima (recurso clásico de todo líder populista), y sobre todo, para no perder el apoyo de amplios segmentos de la clase media urbana, porque sin ellos el PRD no llega a Los Pinos en 2006.

Por eso le digo que es absurdo decir por adelantado que un populista va a hacer pedazos la economía. Eso no es análisis: es más bien trauma. Insisto: las cosas han cambiado, y para hacer un buen diagnóstico se debe tomar en cuenta el contexto político. Aun en el caso de Hugo Chávez en Venezuela, que es tan radical en algunas cosas, tan populista como Perón, Salvador Allende o Alan García, se nota el poder de las circunstancias, del entorno que limita la actuación de los políticos, pues ha tenido que moderarse frente a EU y actuar con mucha prudencia: a pesar de los insultos,

¿Realmente es un peligro?

el discurso incendiario que tanto gusta a sus seguidores, no deja de venderles petróleo.

Es político, no suicida, pero logra engañar a millones de venezolanos haciéndoles creer que el enfrentamiento es real, total.

La magia de un buen manipulador que en el fondo sabe que el día que deje de venderle petróleo a EU, afectando sus intereses estratégicos, sus días como gobernante estarán contados.

El poder de la globalización

Otro factor que obliga a un candidato populista a moderar su postura y transformarse en un neopopulista cuando llega al poder, es la globalización. La presión que ejerce la apertura de mercados es muy grande. Les resta mucho margen de maniobra a los políticos; le impone fuertes candados a su actuación.

Todos sabemos que hoy por hoy nuestros países en América Latina necesitan capital extranjero para financiar su desarrollo. La falta de reformas importantes en materia económica (laborales, fiscales, energéticas) hace que sea prácticamente imposible tener fuerza, solidez en el mercado interno para crecer apoyados en nuestros propios recursos, lo que nos pone en clara desventaja y aumenta la dependencia respecto al exterior.

Tome en cuenta esto: simplemente para evitar devaluaciones que fabrican millones de pobres casi al instante, se necesita atraer inversiones, dólares para cubrir las pérdidas de la balanza comercial y evitar así una crisis en la balanza de pagos.

Pero los gobiernos tropiezan en este sentido con dos grandes problemas: el primero es que, a escala mundial, debido al afán de abrir mercados para sumarse a la globalización, en la actualidad más de 100 países están enfrascados en una competencia brutal, feroz, canibalesca, por atraer capitales a sus países.[33]

Y no digamos ya entre naciones, también dentro de un país los gobernadores de los estados, a través de sus secretarios de Desarrollo Económico, pelean palmo a palmo con tal de que los inversionistas se instalen en sus provincias.

En 1998 el director de LG Electronics, un coreano de apellido Park, me platicó en una comida que pensaban instalar una nueva fábrica de refrigeradores en la zona del Bajío. Estaban indecisos porque aún no tenían la ubicación exacta. Cuando se enteraron, representantes de los gobiernos de Querétaro, Guanajuato, Aguascalientes y San Luis Potosí les ofrecieron *las perlas de la virgen*: exentarlos del pago de algunos impuestos, regalarles el terreno, subsidiarles servicios, entre otras ventajas.

"Ni siquiera me tuve que mover de mi oficina... ellos fueron los que vinieron a buscarme", me dijo el señor Park. Finalmente LG Electronics montó su planta en Querétaro. "¿Fue el lugar que más le convenía, señor Park?", le pregunté. "No, lo que pasa es que ahí también se instalaron mis competidores y quiero estar cerca de ellos" fue lo que me contestó.

Otro problema para atraer capitales es que gracias a los avances tecnológicos los inversionistas se pueden fugar en cuestión de minutos de un país; se pueden trasladar de un lugar a otro con una facilidad impresionante; cuesta de-

¿Realmente es un peligro?

masiado trabajo tratar de retenerlos, sobre todo en los mercados bursátiles. A esto es a lo que se refieren los expertos cuando hablan de la *movilidad de capitales*.

Le voy a pedir un poco de empatía, amigo lector. Haga de cuenta que es usted un millonario inversionista. Por experiencia sabe que una regla de oro, elemental para cuidar el dinero y reducir el riesgo de sufrir pérdidas, es *no poner todos los huevos en una sola canasta*.

Usted procura, por lo mismo, tener un portafolio de inversión bastante diversificado: compró acciones de una empresa constructora en Irak que está participando en labores de reconstrucción; bonos del gobierno argentino que está desesperado por liquidez (y ya sabe, lo clásico), otorga tasas de interés superiores al 20%; acciones de un fabricante de alimentos procesados en México que ofrece buenas perspectivas, de una compañía de alta tecnología en Alemania que acaba de lanzar una importante innovación al mercado y bonos del gobierno ruso que da los rendimientos más altos del mundo. Sale de vacaciones. Se va a esquiar a un lugar apartado de Canadá. Se quiere desconectar del mundo para dedicarse de lleno a su familia. Pero al fin hombre de negocios acostumbrado a la presión y a una agenda saturada, a los pocos días no aguanta más la tentación y una mañana en el restaurante del hotel, mientras espera el desayuno, enciende su *laptop* y se conecta a Internet. ¿Qué sentiría si al checar las páginas electrónicas de *The Wall Street Journal* y *The Economist*, aparece como nota principal el colapso de la economía rusa? "Se desploma el valor de los bonos rusos", dicen los titulares. ¿Qué haría?

Tomar el celular y llamar de inmediato a su asesor en Nueva York, para darle la orden: "Vende todas las acciones y los bonos que tenemos en Irak, México, Argentina y Alemania". "Pero señor, si la crisis es en Rusia, los otros países nada tienen que ver", le dice el *broker*. "Haz lo que te digo e invierte el dinero en Bonos del Tesoro del gobierno de Estados Unidos... llévatelo para allá... ahí es más seguro." No han transcurrido ni siquiera diez minutos, todavía no termina su café, cuando el asesor confirma vía correo electrónico que está hecha la transacción. Entonces descansa su alma y se dispone a disfrutar de su desayuno tranquilamente.

¿Demasiada fantasía? No, amigo lector, así operan los mercados bursátiles y las mesas de dinero. Cualquiera que tenga experiencia en el ramo se lo podrá confirmar. ¿Por qué retirar el dinero de México, Argentina, Irak y Alemania? ¿Qué caso tiene? Por una sencilla razón: si usted ya tuvo fuertes pérdidas en Rusia, protegiendo las ganancias que acumuló en otros países (aunque no tengan nada que ver con la crisis rusa) salvaguarda su patrimonio. Y al llevárselo a EU (por tradición considerado como el lugar más seguro), lo protege ante eventuales contagios de crisis financieras, que por pánico de los inversionistas podrían extenderse a otros países. Si no reacciona rápido, las pérdidas podrían ser mayores.

Eso fue precisamente lo que sucedió tras la crisis rusa y el desplome de las economías asiáticas en 1997-1998 (Tailandia, Singapur, Corea, Japón, etcétera): los capitales salieron rápidamente de todas partes para refugiarse en EU.

¿Realmente es un peligro?

Se entiende por qué Fujimori, Lula da Silva, Menem y otros más se vuelven *pro libre mercado*. No les faltan motivos: una fuga masiva de capital podría (bajo ciertas circunstancias) colapsar su economía o mínimo provocarles problemas.

De ahí la necesidad de dar facilidades fiscales, *apapachar* al inversionista extranjero y sobre todo mostrar una conducta prudente como gobernante.

No exagero: los capitales son muy sensibles a las malas noticias. Una ocasión, no hace mucho tiempo, una empresa mexicana muy exitosa donde imparto conferencias desde hace más de 10 años, quiso expander sus operaciones e incursionar en otros países del continente. De entre los viajes que tenían programados para explorar sus posibilidades de negocio, mandaron a uno de los altos ejecutivos de la compañía a Venezuela.

De película: el funcionario me platicó que llegó muy cansado por la noche a su cuarto de hotel. Era el 15 de febrero de 2005. Se quitó la corbata y encendió el televisor.

El conductor del noticiero hizo un anuncio que lo preocupó: advirtió que el presidente Hugo Chávez clausuraría por 48 horas los 34 centros de distribución y las cuatro plantas embotelladoras de Coca-Cola como castigo por "evadir impuestos".

Dice este ejecutivo que en ese instante llamó por teléfono a uno de los dueños de la empresa para decirle: "Señor, terminó mi misión en Venezuela... no tenemos absolutamente nada que hacer aquí, regreso mañana mismo a la ciudad de México".

Perredistas al poder

Al tratar de verificar la información, me encuentro con que lo mismo había hecho el militar venezolano con otras marcas de prestigio como Mc Donald's (cerró los 80 restaurantes por 76 horas apenas una semana antes), con Kodak y Hewlett Packard.[34]

Chávez, a diferencia de lo que sucede con otros populistas de América Latina, hasta cierto punto puede darse el lujo de ser tan radical porque su popularidad depende casi exclusivamente de los recursos petroleros, cuyo manejo está en sus manos, para complacer y ampliar su electorado político, al grado de que, así como se dice que Hitler fue "el hijo de la inflación", así también podríamos decir que Hugo Chávez es "el hijo del petróleo".

Venezuela no tiene una planta industrial de peso en su economía ni tampoco es un país globalizado (el petróleo representa el 70% de todo lo que exportan y el 50% de todos sus ingresos). Por eso parece tenerle sin cuidado la salida de capitales.

En algunos casos las acciones que emprende Hugo Chávez en contra de la iniciativa privada reflejan también, por supuesto, ánimo de venganza hacia las cúpulas empresariales (que compran franquicias de trasnacionales) por haber financiado la intentona de golpe de Estado en abril del año 2002. Se trata, en ocasiones, de un vil y vulgar ajuste de cuentas.

No es extraño, por lo tanto, que haya disminuido la cantidad de inversiones extranjeras en Venezuela, ni tampoco que a pesar de los miles de millones de dólares que recibe el gobierno cada año por la venta de petróleo, aun así au-

¿Realmente es un peligro?

mentó la deuda externa del país desde que Hugo Chávez llegó al poder.[35]

Sin embargo, muchos otros países globalizados (como México) carecen de semejante margen de maniobra.

El contexto político

¿Podría alguien como López Obrador *brincarse las trancas* e ignorar la globalización como hizo Hugo Chávez? ¿De veras podría hacerlo en un país tan diferente a Venezuela, en un México que desde el punto de vista de la firma de tratados de libre comercio es el más globalizado del mundo y cuyo volumen de exportaciones tiene un peso muy grande en la generación de empleos? ¿Acaso no le importaría provocar una gran fuga de capitales que colapsara la economía?

Estoy seguro de que no, amigo lector. En México una fuga de capitales sí es mortal: las ventas de petróleo representan menos del 20% del total de nuestras exportaciones. Lanzar ataques sistemáticos a la iniciativa privada en México por parte de un gobernante "loco" desplomaría el crecimiento económico y no habría petrodólares que alcanzaran para amortiguar la caída, como en Venezuela.

Como dijo George Soros (uno de los grandes especuladores de divisas en todo el mundo), "En la Roma antigua sólo votaban los romanos. En el capitalismo global moderno, sólo votan los agentes financieros estadounidenses. Los latinoamericanos no votan". Le aseguro que López Obrador ya tomó nota de esto, como veremos a continuación.[36]

a) El programa de López Obrador

Una buena forma de darse cuenta de qué tan acotado está AMLO por la globalización es que si usted compara el programa de gobierno con el que compitió el ingeniero Cuauhtémoc Cárdenas por el PRD en las elecciones presidenciales de 1994, con el programa de gobierno de López Obrador para 2006, *Un proyecto alternativo de nación*, se va a sorprender: nada que ver entre uno y otro, a pesar de que los dos son de izquierda.[37]

Cárdenas, en caso de llegar al poder, amenazaba con:

- **Romper la estabilidad macroeconómica,** elevando el gasto público y financiando con deuda o emisión de dinero el déficit en el presupuesto del gobierno.
- **Regresar al proteccionismo para proteger a la industria nacional,** aumentando aranceles, renegociando el Tratado de Libre Comercio con los EU, cerrando las puertas a inversiones "especulativas" (bursátiles).
- **Mantener el monopolio absoluto en Pemex:** exploración, explotación y producción de petróleo, sin ninguna posibilidad de que participara la inversión privada.
- **Aumentar el salario de los trabajadores por decreto,** tal y como hicieran los ex presidentes Luis Echeverría (1970-1976) y José López Portillo (1976-1982), lo que dio inicio a un ciclo recurrente de inflación-devaluación-quiebras y desempleo.
- **Establecer el control de precios** a los productos, lo que durante 4 000 años de historia en todo el mundo ha fracasado, provocando dondequiera que se aplica: es-

¿Realmente es un peligro?

casez, mala calidad, mercados negros y desempleo por la quiebra de empresas.

Era un programa de gobierno casi idéntico al que aplicó Alan García en Perú (1985-1990), y con rasgos similares al de Salvador Allende en Chile (1970-1973), que resultaron un verdadero desastre.[38]

En cambio, López Obrador propone en estos mismos temas:

- **Mantener la estabilidad macroeconómica.** "Conviene dejar en claro que no sería sensato alterar el orden macroeconómico: debe haber disciplina en el manejo de la inflación, el déficit público y las deudas interna y externa" (p. 30).
- **Continuar con la política de libre mercado.** "Sin renunciar a esquemas globales, la opción es consolidar lo interno... esto... no significa cerrar la economía sino, por el contrario, aprovechar las oportunidades de la globalidad" (p. 21).
- **Modernizar Pemex permitiendo capital privado.** "Tampoco deberíamos descartar que inversionistas nacionales, mediante mecanismos transparentes de asociación entre el sector público y el privado, participen en la expansión y modernización del sector energético o actividades relacionadas" (p. 42).
- **No fomentar empleo y alzas de salarios por decreto sino con programas de simplificación administrativa.** "Medidas relacionadas con la desregulación de trámites, permisos y licencias... Asimismo, la industria maquiladora debe ser estimulada con apoyos especia-

les... vía programas de transferencia de tecnología... y redes de subcontratación" (pp. 54-55).
- **Ningún control de precios; estimular a la iniciativa privada.** "En la ciudad de México toda la rehabilitación del Corredor Reforma-Centro Histórico se ha realizado con la participación de la iniciativa privada... desarrolla 195 proyectos de construcción y remodelación de inmuebles, con una inversión comprometida de 6 mil millones de pesos; o sea, cada peso de inversión pública atrajo 23.3 pesos de inversión privada" (p. 48).

Salvo el programa de AMLO para "rescatar al campo" (pp. 59-72) que en lo personal me parece infame porque habla de sostener una *economía de subsistencia* basada en el ejido, es evidente que existen notables diferencias con el programa que presentó Cuauhtémoc Cárdenas en 1994.

Se nota que López Obrador no es inmune a la globalización... y él lo sabe. No en balde el mismo Subcomandante Marcos acusa a AMLO de ser un *neoliberal disfrazado*; de darle continuidad al programa económico de Carlos Salinas de Gortari. Le sucede lo mismo que a Lula da Silva en Brasil en su cuarta candidatura: los izquierdistas más radicales están en contra de su proyecto y lo acusan de *pactar* por debajo de la mesa, en forma velada, con la derecha.

¿Quiénes son los funcionarios más cercanos a López Obrador? Mantiene como gente clave de la administración perredista no a trotskistas, leninistas o marxistas. Vamos, ni siquiera a los militantes más distinguidos de la izquierda mexicana, sino a algunos de los más destacados estrategas

¿Realmente es un peligro?

del "innombrable" Carlos Salinas de Gortari, tecnócrata neoliberal: Marcelo Ebrard como jefe de Seguridad Pública y probable jefe de gobierno del DF a partir de 2006, Manuel Camacho Solís, ex regente del DF con el PRI y ahora flamante operador político de López Obrador, Socorro Díaz, ex senadora priísta que colocó la banda presidencial a Carlos Salinas de Gortari en 1988 tras el famoso fraude electoral, *la caída del sistema*.

Quizá por lo mismo Condoleezza Rice, del Departamento de Estado de EU, funcionaria de élite y según se afirma, consentida de George Bush, dijo el 26 de marzo de 2005, poco antes de viajar a México, en pleno proceso de desafuero, que no les preocupaba en lo más mínimo la posibilidad de que llegara Andrés Manuel López Obrador al poder.

Que respetarían el resultado siempre y cuando fuera producto de un proceso democrático, algo que por cierto enfureció a la cúpula panista.[39]

El PAN esperaba recibir apoyo electoral del gobierno estadounidense mediante una declaración que satanizara la posible llegada de AMLO a Los Pinos. Pura ingenuidad. En vez de eso, Bush se fue por la libre y avaló una candidatura de izquierda en México, tal como en su momento (marzo de 2002) avalaron la candidatura de Lula da Silva en Brasil, aun antes de que iniciaran las campañas electorales en ese país.

Pero además de los votantes independientes e indecisos que obligan a tomar posturas de centro (sin los que el PRD no podría ganar las elecciones) y la disciplina que impone la globalización en favor de las políticas de libre mercado, Andrés Manuel López Obrador enfrentará otros dos candados que harían muy difícil que pudiera romper la estabilidad macroeconómica y regresar al país a periodos de crisis recurrentes, altas inflaciones, devaluaciones: un Congreso dividido y la independencia del Banco de México.

b) Gobernar sin mayoría

Algo que distingue a los líderes populistas es que tanto se saben enganchar emocionalmente con las masas, que, contra todos los pronósticos, por lo regular arrasan en las elecciones presidenciales; les propinan auténticas palizas a sus adversarios. Alan García en Perú sacó una ventaja de 24 puntos porcentuales a su contrincante, quien no se presentó a la segunda vuelta. Hugo Chávez en Venezuela también sacó más del doble de votos que su más cercano competidor; Patricio Aylwin en Chile sacó 23 puntos de ventaja al candidato de Pinochet; Carlos Menem en Argentina ganó por una diferencia de 15 puntos, Fujimori en Perú por una distancia de 22 puntos (en la segunda vuelta) y Lula da Silva en Brasil obtuvo una ventaja de 23 puntos.

Es verdad que todo es posible en el mundo de la política; a veces se dan sorpresas. No podemos descartar que en determinado momento, si López Obrador sabe despertar el entusiasmo del votante, inyectar esperanza a las masas como lo han hecho otros candidatos populistas, logre ganar las elecciones de 2006 con una cómoda ventaja.

Sin embargo, salvo que ocurra algo extraordinario, de momento se ve difícil que pueda obtener (en dado caso) una importante diferencia. Parece ser que la elección de 2006 será muy cerrada. Hay dos razones para pensar esto:

¿Realmente es un peligro?

la primera es que candidatos como Allende, García, Chávez, Aylwin, Fujimori, Menem o Lula, llegaron al poder en medio de graves crisis económicas y violentas devaluaciones.

En México, aunque la economía en la primera parte del sexenio de Fox apenas si se movió (0.6% de crecimiento de 2001 a 2003, prácticamente estancada) y padecimos un alto nivel de desempleo, aun así gozamos de relativa estabilidad económica y ninguna posibilidad ya de padecer en 2006 una gran devaluación como las del pasado.[40]

Esto significa que si bien López Obrador contará a su favor con la sensación de desencanto, no va a tener en cambio un sentimiento generalizado de "emergencia" como sucedió con otros populistas. Y eso hace una diferencia. No es lo mismo ser candidato en Perú en 1990 cuando la devaluación acumulada en cinco años rebasaba el millón por ciento, a serlo en un país de dólar barato, donde de 1998 a 2005 el tipo de cambio (dólar al mayoreo) se mantuvo entre $10.50 y por debajo de los 11 pesos.[41]

No es lo mismo ser candidato en un país donde no hay gasto social por la crisis fiscal del Estado (provocando graves carencias en materia de salud o educación sobre todo en áreas marginadas) y donde el número de pobres (muy susceptibles a ser seducidos o *enamorados* por un candidato populista) se multiplican como hongos, a un país donde el gasto social crece en términos reales y donde se han canalizado excedentes petroleros a obra pública o construcción de vivienda de interés social.

La segunda razón (muy importante a mi parecer) es que México, a diferencia de Perú en los ochenta, Argentina en los noventa o Brasil en la actualidad, tiene un sistema de partidos relativamente más fuerte, más consolidado. Los populistas ganadores no tuvieron que enfrentarse y derrotar a una poderosa maquinaria electoral como la del PRI, que logró mantenerse en elecciones federales (2003) y locales recientes (2004-2005). En casi todos los casos donde triunfaron los populistas, los partidos enfrentaban un desgaste terrible que iba más allá de una mala imagen; un *desmoronamiento* de sus estructuras, algo que no sucede ni con el PRI ni tampoco con el PAN. No al menos en la misma magnitud.

Así que insisto: si no sucede nada anormal, lo más seguro es que ningún partido gane mayoría para gobernar en 2006; que Andrés Manuel López Obrador (al menos en la primera parte de su sexenio) tenga que lidiar con un Congreso de oposición, tal y como sucedió con Vicente Fox.

Y para que un populista pueda quebrar al país, necesita que su presupuesto inflacionario, con grandes niveles de déficit y volúmenes de deuda, sea aprobado por el Congreso. Sin mayoría esto es prácticamente imposible.

Usted es testigo: ¿cuántas veces Fox tuvo que interponer ante la Suprema Corte de Justicia controversias constitucionales por no estar de acuerdo con un presupuesto que modificaron PRI y PRD en coalición? ¿Cuántas veces tuvo que vetar leyes con las que no estaba de acuerdo y que tejieron los partidos de oposición? ¿Cuántas veces los diputados del PAN abandonaron frustrados el salón de sesiones al darse cuenta de que no podían hacer absolutamente nada?

¿Realmente es un peligro?

Un ingrediente adicional que complicaría las cosas es que probablemente un PRI furioso por no regresar al poder y un PAN deseoso de venganza se unan en el sexenio 2006-2012 para hacerle *la vida de cuadritos* al nuevo presidente y gobernar a través del Congreso, como lo hicieron PRI, PRD y los partidos pequeños en el sexenio foxista.

Por eso, en caso de darse este escenario, me parece absurdo comparar a López Obrador con el ex presidente Luis Echeverría (1970-1976) o con José López Portillo (1976-1982), quienes tenían a los diputados y senadores sometidos. Era la época dorada del viejo régimen autoritario.

c) Un Banco Central independiente

Ningún líder político puede destruir la economía si no tiene en sus manos el monopolio más importante para financiar sus gastos: el de fabricar billetes y monedas.

"El dinero es el juego de dados de los políticos", decía con mucho acierto un escritor griego de la antigüedad.

Ha sido precisamente ese control sobre la máquina de hacer dinero el que provocó grandes desgracias en la historia económica de la humanidad: no sólo inflación y empobrecimiento, sino también terremotos políticos. Es un instrumento muy peligroso en manos de un populista. En la época de Juan Domingo Perón en Argentina, Salvador Allende en Chile o Alan García en Perú, entre tantos otros, las imprentas trabajaron día y noche y no se dieron abasto: la emisión de billetes alcanzó niveles récord.

Perredistas al poder

Voy a ponerle un ejemplo extremo para que se dé una idea del poder destructor que tiene el dinero cuando es mal utilizado por nuestros gobernantes. En el mes de junio de 1991, estábamos en un año de elecciones intermedias.

Los partidos y sus candidatos se preparaban para ganar simpatizantes. Las leyes electorales todavía no eran muy estrictas y los políticos podían darse ciertos lujos, recurrir a algunas *mañas* para atraer votantes. Me tocó participar en un programa de radio y al llegar a la cabina, el conductor me mostró un billete de $50 000 (cincuenta mil viejos pesos, el de más alta denominación en aquel entonces), envuelto en una bolsita de plástico que tenía al frente y al reverso el logotipo del PRD.

"Mira lo que está haciendo Cuauhtémoc", me dijo, refiriéndose al ingeniero Cuauhtémoc Cárdenas. "Está regalando dinero a la gente en sus eventos, a gente pobre... él, de propia mano les está repartiendo los billetes, sobre todo en áreas rurales; ¿qué te parece?"..."Eso es lucrar electoralmente con la necesidad de la gente... Si Cuauhtémoc pudiera repartir dinero a todo mundo, destruiría la economía", le contesté.

Ese es precisamente uno de los grandes problemas de algunos políticos: creer que pueden resolver los problemas de la gente multiplicando el pan de la nada... que pueden hacer milagros por decreto.

Tal vez tenga buenas intenciones el ingeniero, pero como decía Dante, "de buenas intenciones está empedrado el camino hacia el infierno".

Imagínese esto: ¿le gustaría ver llover dinero del cielo? ¡Claro!, a quién no, ¿verdad? Pues bien, haga de cuenta

¿Realmente es un peligro?

que un día, con toda la mejor intención de acabar con la pobreza, con el más grande y noble corazón, el presidente de la república ordena a la fuerza aérea sobrevolar el territorio nacional. Son cientos de aviones que van repletos, cargados con billetes nuevecitos de $1 000 (mil pesos). *¿La orden?* Dejar caer todo el dinero para "reactivar" la economía.

Por un momento ponga a volar su imaginación: *¿qué pasaría si usted, yo, todo mundo pudiéramos recoger billetes del suelo?, ¿si todos tuviéramos de repente 50, 100, 500 mil pesos en la mano?*

Ni tardos ni perezosos iríamos a las tiendas a gastarnos ese dinero. Al principio, los primeros billetes empezarían efectivamente a reactivar la economía: autos, casas, ropa, alimentos, todo empezaría a venderse *como pan caliente*. Los comerciantes estarían felices y tal vez se animarían a contratar más empleados. Habría "auge".

Pero en el momento en que todos los demás billetes entraran al mercado se provocaría un auténtico caos. *¿Alcanzaría para todo y para todos?* Evidentemente, no.

Habría cada vez más billetes correteando a cada vez menos mercancías. La escasez entraría en escena, y la inflación también. Llegaría el momento en que los comerciantes se negarían a vender sus productos o simple y sencillamente ya no tendrían más mercancías que ofrecer. La pobreza y la quiebra serían inevitables.[42]

Por eso le decía al conductor del programa de radio que si Cuauhtémoc pudiera regalarle dinero a todo mundo, arruinaría la economía.

Perredistas al poder

Tener el control sobre la máquina de hacer dinero (es decir, tener subordinado al Banco Central o Banco de México a los caprichos del gobernante en turno) favorece la irresponsabilidad de los políticos. Afortunadamente Andrés Manuel López Obrador no va a contar con ese privilegio en caso de llegar al poder, porque el Banco de México es independiente y su obligación por ley es buscar la estabilidad de precios para proteger el poder adquisitivo de la moneda.[43]

Banxico (como se le conoce en círculos financieros), a diferencia del pasado, realiza un buen trabajo para reducir la inflación, requisito indispensable para evitar devaluaciones bruscas y proteger el poder adquisitivo de clases medias y humildes trabajadores. Con algunos problemas, pero desde mediados del sexenio de Ernesto Zedillo (1994-2000), el índice de precios en México se acerca cada vez más al de EU.

Como lo demuestra la experiencia internacional, la independencia del Banco de México es un candado efectivo para limitar las ambiciones de cualquier gobierno, sea populista o no. Para imponerle disciplina fiscal y empujarlo a que se limite a gastar lo que el Congreso le aprueba cada año.

Por eso también le digo que es una barbaridad comparar a López Obrador con Echeverría o López Portillo, porque estos dos "emperadores" priístas sí tuvieron controlado al Banco de México para financiar sus presupuestos inflacionarios y darle rienda suelta a su populismo. Se trata de un candado que se suma a todos los anteriores. Y es tan efectivo que hasta la fecha ningún gobierno en todo el mundo que cuente con un banco central independiente se ha atrevido a meter la *ley de la reversa* y anular esa independencia.

Una acción de este tipo sí podría provocar el desplome de la moneda, fuga de capitales y una crisis de graves proporciones.[44]

d) El papel de EU

Aun así, la desconfianza o temor que despierta López Obrador en algunas personas es tan grande que les hace creer que para él no hay límites. Que a pesar de la presión de los votantes independientes, la globalización, gobernar sin mayoría en el Congreso y tener un Banco de México independiente, él sería capaz de poner de cabeza a la economía con sus políticas populistas.

A mí esto me parece muy poco probable, pero en fin, vamos a suponer (sin conceder) que, efectivamente, nada es capaz de detener a AMLO. Y que una vez instalado en el poder nos regresa a la época de crisis recurrentes, inflaciones y devaluaciones de los años setenta y ochenta. Que su autoritarismo amenaza con pulverizar la democracia en México. En pocas palabras, que la profecía se cumple.

La pregunta es: ¿estaría dispuesto EU a permitir que su *patio trasero* se colapse y expulse cantidades industriales de braceros, provocándole mayores problemas? ¿A perder el control de sus fronteras en una época de combate al terrorismo, cuando se sienten tan vulnerables? ¿Renunciar a su proyecto de un tratado de libre comercio combinado con democracia para toda América Latina?

Perredistas al poder

Recuerdo una experiencia algo desagradable que tuvo lugar en 1992. Fui invitado a un evento organizado por la Cámara Americana de Comercio (American Chamber of Commerce), con sede en la ciudad de México. A la hora del vino de honor, platicando con un grupo de colegas, a uno de ellos se le ocurrió citar la frase de Porfirio Díaz: "Pobre México, tan lejos de Dios y tan cerca de Estados Unidos".

Un funcionario de la Embajada de EU que pasaba justo en ese momento a nuestras espaldas, interrumpió la plática para decirnos: *"¿Acaso creen ustedes que nosotros los estadounidenses estamos muy contentos con tener en nuestra frontera sur a un vecino pobre, corrupto y violento?... Hubiéramos preferido mil veces tener de vecino a un país próspero y pacífico como Suiza".* Nos tomó tan de sorpresa su comentario que no supimos francamente qué responderle. Nos quedamos callados.

En una época de globalización donde los lazos económicos hacen que aumente la dependencia mutua, y de combate al terrorismo, que requiere colaboración para mantener el control de las fronteras, a mí me parece ilógico suponer que el gobierno de EU se quedaría cruzado de brazos contemplando cómo un líder populista (en dado caso) amenazara con agravar problemas ya de por sí delicados.

Los gobiernos estadounidenses muestran una preocupación cada vez mayor por evitar severas crisis políticas y económicas en México. Basta con recordar que tras el cobarde asesinato de Luis Donaldo Colosio el 23 de marzo de 1994 y para evitar la fuga de capitales que propiciara una violenta devaluación, ofrecieron casi de inmediato un paquete de ayuda de emergencia por 8 mil millones de dóla-

¿Realmente es un peligro?

res en apoyo del peso para darle tranquilidad a los inversionistas.

Y tras el *shock* de diciembre de ese año, cuando el peso llegó a devaluarse hasta 117% acumulado en unos cuantos meses, también ofrecieron un paquete de rescate de alrededor de 17 mil millones de dólares, una cifra similar en términos nominales a la que se destinó para reconstruir Europa con el Plan Marshall al terminar la Segunda Guerra Mundial.

El doctor Alejandro Valenzuela, en aquel entonces vocero de la Secretaría de Hacienda, me platicó en un desayuno posterior (1997) que el país estaba tan quebrado, que Ernesto Zedillo estuvo a punto de declarar la moratoria en los pagos de la deuda externa.

"Guillermo Ortiz, secretario de Hacienda, le puso a Zedillo sobre su escritorio la declaración de moratoria... yo la vi... nadie me lo platicó", me dijo Valenzuela en aquella ocasión. "Entonces el presidente Zedillo habló por teléfono a la Casa Blanca y le dijo a Clinton: Bill, ayúdame... si no lo haces voy a tener que declarar la moratoria de la deuda". Clinton, que enfrentaba una fuerte oposición en el Congreso de su país para que le autorizaran un nuevo paquete de rescate para México y que había amenazado con suspender el Tratado de Libre Comercio con México durante su campaña electoral, optó por brincarse a los legisladores y usó divisas de la reserva estratégica (que tradicionalmente mantienen para intervenir en los mercados cambiarios y fortalecer el dólar) con tal de evitar que esa crisis de por sí grave adquiriera características de colapso, lo que pondría en riesgo la seguridad de EU.

También es conocido que George Bush intervino para evitar una huelga en Pemex en septiembre de 2002 que podría poner en peligro el suministro de petróleo unos cuantos meses antes de iniciar la invasión a Irak, respaldando públicamente al presidente Vicente Fox en contra de los priístas que habían amenazado con paralizar al país. El problema estalló cuando la PGR inició una investigación para quitarle el fuero al líder del sindicato petrolero, Carlos Romero Deschamps, diputado del PRI, involucrado en el escándalo del *Pemexgate*: el desvío de fondos para la campaña presidencial de Francisco Labastida en el 2000.

EU por lo visto no está dispuesto a solapar episodios de fuerte inestabilidad económica y/o política en México, un socio estratégicamente importante para ellos. De hecho nuestros vecinos han sido muy claros a la hora de fijar su postura en materia de política exterior contra quienes se atrevan a amenazar sus intereses a escala global: "La nueva política descansa en... el derecho a la acción preventiva contra enemigos reales o potenciales... El presidente no tiene intención alguna de permitir que ninguna potencia extranjera cierre la gigantesca ventaja que ha logrado EU desde la caída de la Unión Soviética".[45]

No creo que el gobierno de EU esté dispuesto a tolerar un Hugo Chávez al sur, en su frontera.

Capítulo IV

Las verdaderas amenazas

Por las razones que expuse en el capítulo anterior, estoy seguro de que en caso de llegar a la presidencia Andrés Manuel López Obrador en 2006, no destruirá la economía. Para mí queda descartado el *populismo macroeconómico*: estatización de industrias importantes, grandes déficit en el presupuesto del gobierno, alta inflación, devaluaciones graves, fuga de capitales, elevadas tasas de interés y pulverización de los salarios. No será, en este sentido, el demonio que algunos suponen.

AMLO estaría más cerca de convertirse en un Lula da Silva, que en un Hugo Chávez como presidente. En un neopopulista, y no tanto en un populista clásico como Juan Domingo Perón, Alan García, Salvador Allende, Luis Echeverría o José López Portillo. Para mí esto significa que López Obrador durante su gobierno, a grandes rasgos, buscará mantener la estabilidad financiera para no dar al traste con el crecimiento económico (generación de riqueza), pero sus políticas buscarán privilegiar el gasto social para tratar de disminuir las desigualdades sociales (mecanismos para repartirla). Así actúan los neopopulistas modernos. Esa es la gran diferencia con los populistas antiguos o "clásicos", que con su gasto público descontrolado sí desquiciaban la economía.[1]

"Lo que nunca ha intentado comprender la 'burguesía mexicana' es que las clases populares no sólo también tienen derecho a conservar y aumentar su patrimonio, sino que es imperativo que tengan la misma oportunidad de movilidad social... La tarea que tendrá AMLO en el futuro... es convencer de que la atención hacia las clases populares no representa ningún riesgo para nadie, sino, al contrario, representa la única vía posible para lograr la gobernabilidad que el país requiere para salir adelante", afirma René Drucker.[2]

Sin embargo, esto no quiere decir que no habrá riesgos durante su gobierno. Su estilo autoritario, ese afán de brincarse el Estado de Derecho en nombre del pueblo para imponer su proyecto de nación, claro que provocará problemas y dará pretextos de sobra a sus adversarios para atacarlo.

Todos los neopopulistas (Patricio Aylwin, Menem, Fujimori, Lula da Silva) en mayor o menor medida tuvieron graves enfrentamientos políticos durante su mandato. Pero si con AMLO descartamos los desequilibrios macroeconómicos y violentas devaluaciones como las del pasado, entonces... ¿cuáles son las verdaderas amenazas? ¿Dónde están? Empecemos por un riesgo que podría materializarse durante la campaña.

Las verdaderas amenazas

La especulación en los mercados

López Obrador llegó a la campaña electoral en su mejor momento: por lo menos desde junio de 2002, su gobierno está mejor evaluado en las encuestas que el del presidente Vicente Fox. Y como precandidato mantuvo una ventaja mínima de 10 puntos porcentuales sobre sus más cercanos competidores, desde finales de 2003.

Cuando aparecieron los *videoescándalos* en marzo de 2004, involucrando en actos de corrupción a funcionarios clave del gobierno del DF (recuerde usted que pillaron a Gustavo Ponce, el tesorero, apostando cantidades millonarias en uno de los casinos más lujosos de Las Vegas y a René Bejarano, su operador político, echándose fajos de billetes en la bolsa del saco para financiar campañas del PRD), destruyeron la imagen de "honestidad" que quiso formarse el PRD y bajó la popularidad de AMLO varios puntos, pero ni así dejó de encabezar las encuestas. Al siguiente trimestre se recuperó. Nunca perdió su ventaja.

Y no sólo en el DF está fuerte. En julio de 2005 platiqué con José Reyes Baeza, gobernador priísta del estado de Chihuahua.

Me decía que habían mandado hacer en el PRI una encuesta para evaluar la fuerza de AMLO en los estados del norte del país. "Nos quedamos sorprendidos", dijo Baeza. "El PRD no pinta en esa zona... está casi desaparecido, pero López Obrador se encuentra posicionado varios puntos arriba de su partido... tiene presencia nacional".[3]

El PRD también llegó en su mejor momento a la campaña. Desde mayo de 2005 y por primera vez en lo que va del sexenio foxista, se ubicó en el segundo lugar en materia de preferencias electorales (por partido, sin candidato), desplazando al PAN al tercer lugar.[4] Sin embargo, muy a pesar del entusiasmo de algunos fanáticos perredistas que ya se frotan las manos y se sienten en Los Pinos, esto no quiere decir, para nada, que el PRD y AMLO ya ganaron, por dos razones: en primer lugar, las encuestas no pueden predecir el futuro.

"Contra lo que mucha gente cree, los encuestadores no tenemos bola de cristal, por una razón muy sencilla: las encuestas reflejan la preferencia actual de la gente, no la preferencia futura. Y eso puede cambiar... las encuestas no son un pronóstico", dijo Roy Campos, director de Mitofski, en la Universidad George Washington de EU.[5]

Se entiende entonces que llegar en su mejor momento antes de iniciar una campaña electoral, para cualquier partido o candidato es un arma de doble filo, porque mantenerse en primer lugar es todo un reto.

Imagínese que usted es candidato a la presidencia y contrata al mejor equipo de expertos en *marketing* político y estrategias electorales. Si les pregunta cuál es la meta más importante, muy probablemente le contesten lo siguiente: "Señor, al contratarnos como asesores, vamos a armar la campaña con el objetivo de que llegue usted bien posicionado, en primer lugar en las encuestas, que alcance su punto más alto de popularidad... un día antes de las elecciones... eso es lo ideal".

No es fácil sostener la preferencia de la gente con tanto tiempo de anticipación. Puede cambiar. Y vaya que puede cambiar: en capítulos anteriores le conté el caso de Fuji-

Las verdaderas amenazas

mori en Perú, que salió de la nada para arrasar en las elecciones, o el del gobernador del PRI en el Estado de México, Enrique Peña, quien antes de la campaña estaba 10 puntos abajo y terminó ganando por 23 puntos porcentuales de diferencia. Como esos, se han dado muchos otros casos en el mundo.

Aquellos que se atreven a decir que las campañas electorales no sirven para nada, son unos ilusos. Mienten o no saben. ¡Claro que sirven! Podrán ser todo lo caras que usted quiera, un despilfarro, pero eso es otra cosa. Una buena campaña electoral claro que puede influir o incluso cambiar la preferencia de la gente, para eso son.

La segunda razón de por qué AMLO no tiene el triunfo asegurado a pesar de ser el líder en las encuestas, es porque es el que más votos necesita para ganar.
Los expertos hacen muchos cálculos, pero uno que a mí me llamó la atención es el de Carlos Enrique Casillas: de acuerdo con este especialista, en 2006 llegaremos con una lista nominal de 67 millones de electores; de personas con credencial para votar. Como en ninguna democracia participan todos los ciudadanos enlistados (siempre hay abstencionismo), si suponemos que sale a votar el 60% (una participación muy alta, un *hitazo*), entonces estamos hablando de 39 millones de votantes para 2006.

Si usted es candidato y quiere ganar sin problemas, con un buen margen para no irse a tribunales, entonces necesita un 40% de la votación; es decir, 15 millones 600 mil votos. Si no puede sacar esa ventaja y se tiene que conformar con un 37% de la votación, entonces necesita conseguir 14 millones 400 mil votos. Y si de plano la competencia está muy difícil y se conforma con ganar *de panzazo* (con el 35% de los votos), entonces usted necesita 13 millones 500 mil votos como mínimo en este escenario.

Si no los consigue, obvio, se va a su casa con una terrible deuda encima, con la frustración de no haber podido sacar de pobres a sus parientes y con la etiqueta en la frente de la derrota, como le sucedió a Francisco Labastida en el 2000.

Dice Enrique Casillas que tomando en cuenta el voto *duro* (seguro, amarrado, leal) de cada partido y tomando en consideración el porcentaje de votación que obtuvieron cada uno de ellos en las elecciones de los últimos años (en promedio), entonces tenemos que, según este escenario, el PRI para ganar con el 35% necesita conseguir un mínimo de 4 millones 100 mil votos adicionales, el PAN 5 millones 400 mil y el PRD casi 9 millones de votantes (8.8) como mínimo, una cantidad que jamás en su historia han conseguido.[6]

"¿De dónde van a sacar esos millones de votos?... ¿de dónde?... son demasiados... imposible que gane el PRD", me dijo un militante del PAN. Es verdad, se ve difícil... pero tampoco es imposible. Habría que recordarle a ese panista: ¿de dónde sacó Fox los votos para ganar? ¿Aquel 42.5% que lo puso arriba de Labastida en el 2000, si era un desconocido en todo el país cuando empezó la campaña y no tenía estructura partidista?

Si un candidato logra enganchar a la gente con una buena campaña (al votante independiente, a los indecisos y el llamado *voto útil* de panistas y priístas decepcionados y/o resentidos que están dispuestos a dar su voto a otros partidos), entonces sí se puede llegar a Los Pinos.[7]

Las verdaderas amenazas

Y es aquí, precisamente, donde aparece la primera amenaza con López Obrador. ¿Qué pasaría si unas semanas antes de la elección se encuentra abajo en las encuestas? ¿Si siente que se le escapa la posibilidad? En este escenario, mi opinión es que AMLO podría radicalizar su discurso en contra de las élites. Para entusiasmar a la gente, a millones de votantes decepcionados, necesitaría aplicar una mercadotecnia muy agresiva.

Una mercadotecnia que le devuelva la esperanza a la gente, la ilusión de que por fin, ahora sí, el pueblo va a gobernar. AMLO se apoyará en la estrategia que yo llamo "de Pedro Infante": *nosotros los pobres, contra ustedes los ricos,* aprovechando las graves desigualdades sociales que existen en el país.[8]

Si efectivamente este es el caso, entonces veríamos discursos muy encendidos, apasionados en contra de EU (el imperialismo yanqui), las oligarquías (banqueros desalmados que empobrecieron al pueblo), el FMI y el Banco Mundial (el odioso *neoliberalismo*), las fuerzas oscuras de la derecha (*el innombrable* Carlos Salinas de Gortari y sus secuaces), y el nuevo *eje del mal* (Roberto Madrazo, *el Jefe* Diego Fernández de Cevallos y Martha Sahagún, que quieren robarle la esperanza a la gente).

Esto podría provocar (en determinado momento y bajo ciertas circunstancias) especulación en los mercados: alzas transitorias en las tasas de interés y el tipo de cambio por el nerviosismo de algunos participantes. Insisto: sólo si se da este escenario de elecciones competidas, cerradas, donde AMLO vaya abajo en las encuestas, porque si se da la otra posibilidad (que mantenga la ventaja) entonces el estímulo sería en sentido contrario: un discurso negociador, conciliador, con todas las fuerzas políticas y sociales para, todos juntos, lograr "el gran, verdadero y único cambio que necesita el país".

¿Cuál es nuestra recomendación? Que mantenga la calma. No haga caso de los rumores. México no se va a colapsar ni va a tener una crisis a finales de sexenio. No hay condiciones para una macrodevaluación como la de 1994. Comprar dólares para "protegerse" sería la peor inversión que usted podría realizar, porque pasada la tormenta (las elecciones) el tipo de cambio y las tasas de interés recuperarían estabilidad. En otras palabras, abroche su cinturón de seguridad y prepárese porque vamos a atravesar por una zona de turbulencia. Se nos va a sacudir un poco el avión... pero nada más.

Los precios del petróleo

Desde que el ex presidente José López Portillo en 1979 prometió un largo periodo de crecimiento acelerado, según él con tasas de 7% en promedio anual (las más altas de América Latina) y advirtió que nos preparáramos "para administrar la abundancia" gracias a los elevados precios del petróleo (en aquella época la mezcla mexicana rebasó los 40 dólares el barril, unos 60 dólares actuales), los gobiernos desarrollaron una fuerte dependencia respecto al llamado *oro negro* para financiar la nómina del gobierno, otorgar créditos, privilegios fiscales (sobre todo a grupos poderosos), financiar el gasto social en educación, salud y combate a la pobreza.

Las verdaderas amenazas

Las ventas de petróleo al extranjero representan desde hace veinticinco años entre un 35-40% de los ingresos totales del gobierno. Y siempre que caen los precios se desatan crisis económicas (que en ocasiones también se combinan con devaluaciones) porque surge la necesidad de meter freno, de ajustarse el cinturón. Así sucedió por lo menos con el desplome de los precios de 1982 en la época de López Portillo, en 1986 y 1988 con Miguel de la Madrid, en 1994 y 1998 con Ernesto Zedillo, cuando la mezcla mexicana bajó a 9 dólares el barril.

Y al contrario: cuando suben los precios, se desata la euforia en el gobierno. Se canalizan mayores inversiones para explotar más pozos petroleros y aumentar la plataforma de exportación, con el fin de atraer más dólares. El éxito de sus programas y a veces hasta del propio gobierno, depende en buena medida del petróleo.

Un ejemplo reciente es Vicente Fox. Si algo salió bien en su sexenio (2000-2006) definitivamente fueron los precios del petróleo. Año con año superaron los pronósticos oficiales, generando importantes excedentes (7 200 millones de dólares sólo en 2004) que sirvieron para mantener la gobernabilidad y evitar serios conflictos sociales, que es lo típico cuando cae un régimen autoritario.[9]

Lo advirtió Nicolás Maquiavelo hace más de 400 años: "El estado, al llegar a ser libre, adquiere enemigos... llegan a serlo cuantos medran con los abusos de la tiranía y se enriquecen con el dinero del príncipe. Privados de los medios de prosperar, no es posible que vivan satisfechos".[10]

Por eso las transiciones del autoritarismo a la democracia llegan a ser violentas: por el descontento de los grupos que estaban fuertemente ligados a gobiernos anteriores y cuya supervivencia dependía de ellos. Con el cambio salen perjudicados y se resisten a perder sus privilegios. Pero en México, a pesar de esas amenazas, vivimos una *transición de terciopelo*. ¿Por qué?

No exagero, amigo lector, si le digo que la relativa estabilidad política que tenemos en México en parte se la debemos al petróleo. Desde los primeros días del sexenio foxista, en diciembre de 2001, viejos grupos acostumbrados a vivir del presupuesto (patrocinados por un gobernador priísta) irrumpieron violentamente en el Congreso para exigir mayor gasto en educación. Fue un ajuste de cuentas, provocado por el resentimiento de haber perdido el poder, efectuado con ánimo de venganza. Se hizo una reforma para elevar (en medio de una recesión económica que hizo caer la recaudación de impuestos) paulatinamente el presupuesto educativo hasta alcanzar 8% del PIB. ¿Cómo se piensa financiar...? Con petróleo.

En 2002 las mafias agrarias tradicionales (encabezadas por la Confederación Nacional Campesina o CNC, un pilar del PRI para explotar el voto rural, el voto de la miseria) amenazaron con convocar a 5 millones de campesinos para salir a las calles a protestar. Amenazaron con despertar al *México bronco* y con poner de cabeza al país si no se les garantizaba mantener e incluso incrementar los subsidios y presupuestos de los que habían gozado en sexenios anteriores; pidieron también más injerencia en el manejo de los recursos del gobierno e incluso participar en la toma de las decisiones más importantes dentro de las secretarías del ramo. A fuerza de presión y chantajes les fue concedido.

Las verdaderas amenazas

Lograron ese mismo año que se aprobara una Ley de Desarrollo Rural Sustentable, casi diseñada a la medida. ¿Quién ayuda a financiar esos programas para proyectos "productivos"...? El petróleo.

Los gobernadores de los estados, en un principio sólo del PRI y del PRD, formaron un bloque opositor al gobierno: la *Conago* o Conferencia Nacional de Gobernadores, que exigió una mayor tajada del pastel: aumentar el presupuesto destinado a estados y municipios, en medio de una economía que no generó los suficientes recursos por sí misma para satisfacer sus demandas (el crecimiento promedio de 2001 a 2003 fue de tan sólo 0.6%). ¿Quién ayuda a mantenerlos tranquilos...? El petróleo.

Antes de las elecciones intermedias de 2003, el PAN quiso recuperar el apoyo de las cúpulas empresariales regiomontanas que decepcionadas dieron la espalda al panismo para financiar al candidato del PRI, lo que aumentaba el peligro de sufrir una grave derrota electoral (como efectivamente sucedió). Fox decretó un plan para *reactivar la economía* unas cuantas semanas antes de las votaciones que incluía importantes estímulos fiscales para la inversión en maquinaria y equipo que sólo los grandes consorcios podían realizar en ese momento.

También se concedió un seguro de protección contra la baja de los precios del gas natural a poderosos empresarios, absorbiendo el gobierno las pérdidas. ¿Qué factor ayudó a aguantar la caída en la recaudación, abierta por esas concesiones fiscales realizadas con propósitos de carácter electoral...? El petróleo.

Perredistas al poder

En agosto de 2005, en otra medida típicamente electorera, el gobierno regularizó 2.5 millones de autos *chuecos*, los famosos *autos chocolate*. Para contener la furia de la industria automotriz, se les concede eliminar el Impuesto Sobre Automóviles Nuevos o ISAN a ciertos modelos.

¿Qué fenómeno explica en parte que se puedan dar más concesiones fiscales, sacrificar recaudación por los nuevos boquetes que se abren...? El petróleo.

Por eso le digo que sin los excedentes petroleros, sin ese dinero, la transición del autoritarismo a la democracia en México hubiera sido quizá más dolorosa, más violenta. Los petrodólares ayudan a mantener la gobernabilidad. En este sentido, *bendito petróleo*... ¿o no?

Incluso una parte del impacto electoral de López Obrador (y que tanto debe a la obra pública) ha sido posible gracias a los excedentes del petróleo. Alejandro Encinas, jefe de gobierno sustituto, lo reconoció al anunciar en septiembre de 2005 la construcción del Metrobús en el Paseo de la Reforma de la ciudad de México. Aseguró que para construirlo invertirían "un guardadito" que les habían proporcionado precisamente los excedentes.

Esta tendencia no se ve para cuándo pueda terminar. No al menos con Andrés Manuel López Obrador, quien en caso de ganar la presidencia (2006-2012) también le apostará fuerte a los precios del petróleo. Después de quejarse amargamente de que los tecnócratas de gobiernos anteriores descuidaron la inversión en Pemex, dedicándose a "ordeñar" la empresa, López Obrador promete hacer del petróleo *la piedra angular del crecimiento* en su sexenio.

Las verdaderas amenazas

En su *Proyecto alternativo de nación* dice textualmente: "El sector energético posee un gran potencial económico desaprovechado... se requiere un cambio profundo en la política del sector... De ahí la necesidad de ampliar el número de pozos productivos".[11]

El éxito de la política social de AMLO también estará amarrado en buena medida al petróleo. Esa forma de planear las cosas, de pensar, en realidad no debería sorprender a nadie, si tomamos en cuenta que va en línea con la típica forma de actuar de los neopopulistas modernos.

Algunos satanizan a AMLO porque creen que no es posible incrementar el gasto social y mantener la estabilidad macroeconómica. Creen que un incremento en el gasto público automáticamente dispara el presupuesto y por lo tanto la inflación. Más gasto social es igual a desequilibrios macroeconómicos.

Dicen que no es posible *comer pinole y chiflar al mismo tiempo*. Por eso cuentan historias de terror en caso de que llegue al poder.

Sin embargo, los neopopulistas en términos generales logran mantener la estabilidad macro al mismo tiempo que elevan el gasto social del gobierno. *¿El secreto?* Buscan financiar esos gastos no con emisión de dinero, sino con otros mecanismos, algunos de ellos no inflacionarios: exportaciones de materias primas (cobre, petróleo, etcétera), reservas de divisas o recortando gasto público en otras áreas; es decir, reasignando partidas presupuestales.

Un ejemplo notable en este sentido es Lula da Silva. Cuando llegó al poder anunció con bombo y platillo el programa "Hambre Cero" (*Fome Zero*) que consiste en entregar a cada familia pobre 14 dólares mensuales para comprar alimentos. Brasil cuenta con una de las desigualdades sociales más graves de todo el mundo; una de las peores distribuciones de la riqueza. Perdón por la comparación, pero en algunas cosas parece país africano.

Mire usted por qué se lo digo: aunque no lo crea, en Brasil todavía hay esclavitud. Según informes de la ONU, en el año 2002, 1 149 campesinos fueron liberados por orden judicial; de 1998 a 2001 fueron liberados 2 mil 600 esclavos en total de sus amos terratenientes, y de los 170 millones de brasileños se estima que la tercera parte padece desnutrición en un país que es el mayor productor de alimentos del mundo.[12]

La promesa de Lula es que los brasileños más humildes coman tres veces al día.

Dado que el Banco Mundial y el FMI lo elogian por mantener la disciplina fiscal y cumplir escrupulosamente con los pagos de deuda, *¿de dónde obtuvo Lula los recursos para arrancar un programa que necesita 2500 millones de dólares al año?*

Una de las primeras acciones fue suprimir la compra de armamento militar. Recortó del presupuesto la adquisición de 12 aviones de combate nuevos con un valor de 760 millones de dólares.

Y aunque el plan "Hambre Cero" está muy lejos de lograr sus metas, llama la atención que a pesar de la falta de recursos, Lula no ha roto la estabilidad macroeconómica. En este sentido es más ortodoxo o tradicional que presidentes *neoliberales*.

Las verdaderas amenazas

Ese es el tipo de estrategia de López Obrador. Por eso le apuesta al petróleo como uno de sus principales canales de financiamiento. Quizá usted estará pensando: ¿pero cómo es posible hacer una apuesta tan arriesgada? ¿Cómo mantenerse esperanzado en que los precios del petróleo sigan subiendo?

"Todas las proyecciones indican que la demanda de energéticos seguirá en aumento. Incluso, se estima que para el año 2020 será un 50 por ciento mayor que la actual... Es en este horizonte en el que México goza de invaluables posibilidades de desarrollo", dice AMLO en su *Proyecto alternativo de nación* (p. 32).

La razón de su optimismo es que actualmente el mundo vive una especie de cuello de botella: la oferta, la producción, está estancada por diversos motivos, lo que provoca escasez y empuja los precios hacia arriba:

Primero: el petróleo que se encontraba a pocos metros de la superficie se está agotando. Aquellas imágenes de las películas (obviamente exageradas) donde un campesino picaba con una pala la tierra, brotaba el "chorro" de petróleo y aquél gritaba *¡Soy rico!, ¡soy rico!*, ya se acabaron.

Ahora hay que conseguirlo a mayor profundidad, lo que requiere costosas inversiones y nuevas tecnologías.

Segundo: esto mismo ha llevado a que decline la producción. EU alcanzó su punto máximo de explotación en 1971; los pozos de Texas y Louisiana empezaron a secarse. La ex Unión Soviética en 1987, Europa lo alcanzó antes del 2000, Asia-Pacífico en 2002 y en México el yacimiento de Cantarell (que produce alrededor del 63% de todo el petróleo y se ubica en las costas de Campeche) amenaza con agotarse antes de 2008.[13]

Tercero: en el año 2000 hubo solamente 6 descubrimientos de yacimientos importantes, 8 en 2001, 3 en 2002 y ninguno en 2003. Esto empujó a la administración Bush a pedirle al Senado en marzo de 2005 que autorizara la exploración, perforación y explotación de petróleo en el Ártico, un refugio natural de la fauna en Alaska. A pesar de que los trabajos de perforación los harán durante el invierno para reducir el impacto ecológico, aun así habrá consecuencias negativas. Algunos analistas sospechan que quizá por eso EU no quiso firmar el Protocolo de Kyoto, porque le hubiera amarrado las manos en este sentido.[14]

Cuarto: el mundo tiene una limitada capacidad para refinar petróleo y los pocos proyectos que hay van a tardar de dos a tres años en madurar, lo que hace muy difícil que la oferta pueda aumentar rápidamente.

Quinto: por el lado de la demanda también hay problemas: debido a las altas tasas de crecimiento de China y otros países "emergentes", aumenta el consumo de petróleo en forma importante. Los chinos consumen en promedio 6 millones de barriles de petróleo al día, el equivalente a dos veces la producción de México que es de 3 millones.

Y China también está formando, igual que EU, reservas estratégicas por cuestiones de *seguridad nacional*. Para 2015 tendrán almacenados alrededor de 550 millones de barriles.[15]

Así pues, con menos oferta y más demanda, el *shock* en los precios es inevitable. Esa es la apuesta de López Obrador. La pregunta es: *¿le saldrá la jugada tal y como la tiene* *planeada? ¿El petróleo será la salvación de su gobierno? ¿Le dará para aumentar el gasto social, reducir las desigualdades sociales y consolidar una amplia red de apoyo electoral que le permita repetir al PRD en 2012?*

Quizás no. Y este es precisamente la segunda amenaza que se corre con López Obrador: que en algún momento bajen los precios del petróleo, haciéndonos entrar en crisis económica, lo que daría al traste con el programa social del gobierno.

Dependería mucho de qué tan importante fuera la caída, pero… ¿usted se imagina a un gobierno sin dinero para tratar de contener las presiones de grupos que heredamos del viejo régimen autoritario y que siguen intactos? En este escenario probablemente también habría problemas para mantener la gobernabilidad.

No faltará quien diga que una baja de los precios en las circunstancias actuales es imposible. Pero les recuerdo a quienes piensan de esta manera que el mercado petrolero es muy caprichoso… impredecible… demasiado volátil. Con bastante frecuencia fallan los pronósticos de los expertos. No sería la primera vez.

Un ejemplo: recuerdo que de niño, a principios de la década de los setenta, mis padres me llevaron a ver una película que me impactó: *Cuando el destino nos alcance,* con Charlton Heston.

En ese tiempo los precios del petróleo se habían disparado a las nubes por el monopolio de la Organización de países Productores y Exportadores de Petróleo (OPEP). El barril que a finales de los sesenta costaba 3, para 1980 ya costaba 40 dólares. El impacto fue tremendo para la economía mundial. Por todos lados se hablaba de la crisis energética. Los padres estaban preocupados por el sombrío futuro que les deparaba a sus hijos.

El panorama que pintaba la película era tan deprimente por la escasez de energéticos, que los seres humanos se alimentaban con galletas verdes hechas de... *seres humanos*. Por eso me impactó tanto.

Algunos brillantes "economistas" convencieron al entonces presidente José López Portillo de que los precios llegarían a los 100 dólares por barril y que por lo tanto había que endeudarse para invertir y aprovechar la bonanza.

Sin embargo, vino el desplome de los precios en 1981-1982, cuando muchos expertos aseguraban que eso era imposible. Tampoco pudieron prever la baja de 1998, ni el alza tan fuerte de 2004-2005. Así es que no hay nada seguro.

De hecho, la Secretaría de Hacienda en un documento que mandó al Congreso, asegura que entre 2006 y 2009 podría presentarse una baja importante en el precio del petróleo debido a que China reducirá su nivel de compras y al menor crecimiento de la economía de EU, que debilitará la demanda.[16]

En lo personal, por el bien del país, desearía que no se presente un desplome en los precios. Pero si llegase a ocurrir, como dicen por ahí, *que Dios nos agarre confesados*.

Las reservas de divisas

Una fuente creíble, de alto nivel, me aseguró que algunos funcionarios del Banco de México están preocupados con la posibilidad de que llegue al poder un populista como López Obrador.

Las verdaderas amenazas

¿La razón? Según la fuente, temen que AMLO podría intentar echar mano de las reservas de divisas para financiar créditos baratos a la pequeña y mediana industria con el fin de estimular el crecimiento económico y generar empleos.

Cuando escuché la versión no me pareció descabellada porque tanto populistas antiguos como modernos han intentado, efectivamente, usar las reservas. Alan García en Perú ejerció una fuerte presión sobre el Banco Central. El gobernador del Banco se opuso a que García se gastara las reservas y le costó el puesto. Juan Domingo Perón en Argentina al final de su primer mandato dejó prácticamente vacías las arcas del Banco Central. Algo similar sucedió con Salvador Allende en Chile, quien las utilizó para otorgar créditos y convertir a pequeñas y medianas empresas en *palanca* para el desarrollo.[17]

Tampoco el presidente Fox pudo evitar la tentación de financiarse a través del Banco de México. Si bien no tocó las reservas de divisas, sí en cambio disparó los niveles de deuda interna como ningún otro gobierno lo había hecho: Banxico cada semana (como lo hacen otros intermediarios) compra bonos del gobierno, los famosos "Cetes". Esa deuda interna que a principios del sexenio foxista era inferior a la deuda externa, prácticamente la duplicó en su sexenio: 116 mil millones de dólares de deuda interna *vs.* 73 mil millones de dólares de deuda externa para 2005.[18]

Ese dinero fue utilizado para financiar programas sociales, de apoyo a la pequeña y mediana empresa (la famosa *changarrización* del país) entre otras cosas. Algunos panistas que se rasgan las vestiduras acusando a López Obrador de hacer crecer la deuda del DF en forma *explosiva*, son incapaces de reconocer que Fox hizo algo parecido. Si esto es populismo, luego entonces Fox también es un populista... ¿o no?

El mecanismo que utilizaría López Obrador para intentar echar mano de las reservas de divisas sería el siguiente: la Ley del Banco de México prohíbe tajantemente que las reservas (que al cierre de 2005 rondaban los 65 mil millones de dólares) puedan utilizarse para cualquier otra cosa que no sea compensar desequilibrios en la balanza de pagos (art. 18). Es decir, para prevenir o evitar una devaluación.

Son una garantía para reducir los niveles de riesgo de un país; para dar confianza de que se tiene solvencia, liquidez y que de ninguna manera el gobierno va a declarar la moratoria de la deuda, algo que espanta a los inversionistas y provoca fuga de capitales. Fuera de eso, cualquier otro uso está prohibido. Aun así, se teme que AMLO le dé la vuelta a la ley. ¿Quiere saber cómo?

Mire usted: el Banco de México no es cien por ciento independiente. Si bien la ley impone candados muy fuertes a la emisión de dinero, para evitar ciclos de inflación y devaluación como los del pasado, el presidente de la república tiene injerencia, algunas facultades. Puede *meter su cuchara* en la Comisión de Cambios que decide qué hacer con la paridad peso-dólar y cómo invertir las reservas de divisas, donde tiene voto de calidad: él decide la última palabra a través del secretario de Hacienda, quien preside esa Comisión.[19]

Imagínese esto: si usted o yo como gobernadores del Banco de México guardáramos en una bóveda los 65 mil

Las verdaderas amenazas

millones de dólares de reservas y todos los días nos dedicáramos a acomodar y contemplar las pilas de billetes, le haríamos un daño al país, porque el dinero estaría ocioso, sin generar intereses. Lo más sensato entonces sería que usted y yo buscáramos la mejor forma de hacer producir ese dinero... de invertirlo, pues. Por eso los Bancos Centrales en vez de guardar los billetes compran oro, plata, pero sobre todo bonos de otros gobiernos que les dan intereses, o cualquier otro instrumento que circule en el mercado que sea atractivo.

Entonces si López Obrador tiene planeado, por decir algo, canalizar 10 mil millones de dólares en créditos baratos, subsidiados, para la pequeña y mediana industria a través de la *banca de desarrollo*, utilizando su poder, le daría la orden a Guillermo Ortiz (gobernador del Banco de México) de que utilizara esa cantidad de reservas para comprar bonos de Nacional Financiera. Nafinsa cambiaría los dólares a pesos y... listo, a otorgar créditos.

Con esta maniobra, AMLO mataría tres pájaros de un solo tiro:

Dejaría intactas las reservas de divisas: no se tocan, ahí siguen, pero invertidas en otros papeles; obtendría financiamiento para impulsar el crecimiento y además evitaría tener que pedirle permiso al Congreso para endeudarse. Algo así como un "crimen perfecto".

Algunos dirán que eso es imposible porque es ilegal, pero... ¿podríamos pedirle cuentas a un presidente de la república al que no se le puede llevar a juicio político por violar las leyes, porque lo protege la Constitución? ¿Podríamos castigar al secretario de Hacienda, que es quien tomaría la decisión obedeciendo órdenes del presidente, si su jefe controla a la Procuraduría y al Ministerio Público? ¿Si puede negarse a ejercer acción penal?

¿Podríamos evitar que Guillermo Ortiz cumpliera la orden si legalmente puede ser sustituido de su cargo en caso de que desobedezca a la Comisión de Cambios, es decir, las órdenes del presidente? En pocas palabras: ¿podríamos evitar un mal uso de las reservas si ni siquiera sabemos cómo las manejan? ¿Si a pesar de la Ley de Transparencia pueden ocultar la información porque la tienen clasificada como "reservada"?[20]

Es más: si López Obrador gana mayoría en el Congreso en las elecciones intermedias de 2009, ¿podríamos evitar que el PRD modifique la Ley del Banco de México para hacer legal en la segunda parte del sexenio la inversión de las reservas de divisas en papeles de deuda nacional? Suena remota la posibilidad, complicada, pero no es imposible.

Y es aquí donde se encuentran otras dos amenazas: ¿se imagina usted qué pasaría si por alguna razón (desplome de los precios del petróleo, fuga de capital, crisis del dólar a escala mundial, *shock* de confianza, etcétera) se produjera una aguda falta de liquidez y para no declarar la moratoria de la deuda tuviéramos que echar mano de las reservas de divisas? ¿Qué pasaría si el Banco de México para salir del apuro tuviera que cobrarle a Nacional Financiera?

Nafinsa para pagar tendría que reunir el dinero rápidamente y entregárselo a Banxico. Esto significa que tendría que suspender los créditos de inmediato, dejar sin liquidez a miles de empresas. Significa retirar dinero de la circula-

Las verdaderas amenazas

ción, un *mega corto* que provocaría recesión. Algo así como quitarle sangre al cuerpo en grandes cantidades.

La otra amenaza real, cercana, es que López Obrador, invirtiendo parte de las reservas en bonos de Nacional Financiera, podría incrementar la deuda del país porque es sabido que los créditos otorgados por el gobierno provocan pérdidas.

Después de todo es lógico: la banca de desarrollo en México, China o en cualquier otra parte del mundo, salvo honrosas excepciones, manejan los recursos más con criterios de carácter político que con criterios de eficiencia económica a la hora de asignar el dinero.

Cuando cayó el viejo régimen autoritario, la banca de desarrollo nos heredó créditos vencidos, incobrables, por alrededor de 25 mil millones de dólares. Ese dinero lo estamos pagando usted, yo y nuestros hijos con los impuestos; con el producto de nuestro trabajo y esfuerzo.

¿Qué les preocupa a algunos ilustres funcionarios? Nada, absolutamente nada, porque llegan, gozan el puesto y se van. Hacen suya la famosa frase de John Keynes: "A la larga, todos estaremos muertos", o más bien, fuera del servicio público... del gobierno.[21]

A la fecha nuestro sistema jurídico favorece la impunidad y eso da estímulos perversos para actuar en forma irresponsable. En la mayoría de los casos no hay forma de hacerles pagar por sus errores. Digo esto porque la corrupta burocracia mexicana otorgó (y en ocasiones sigue otorgando) una parte de los créditos a empresas fantasmas, a sus esposas, primos, hijos o sobrinos que actúan como prestanombres, a amigos o compadres políticos, a proyectos poco rentables, a organismos o instituciones que usaron el dinero para financiar campañas electorales, autorizó el crédito sin las garantías suficientes para asegurar el pago o incluso cualquier garantía, entre otros desmanes. Una historia similar podría repetirse con AMLO.[22]

La política social

La sola idea de tener a Andrés Manuel López Obrador en Los Pinos causa *escozor* en algunos por su política social, tachada de *populachera*. Se dice que la decisión de otorgar una pensión de 709 pesos mensuales a las personas de la tercera edad, con capacidades diferentes o madres solteras, que tanto éxito le han dado en términos electorales, quebrará al país si gana la presidencia. "No se necesita ser actuario para saber que esas políticas son insostenibles y que pueden llevar al país otra vez a inflaciones y devaluaciones como en la época de Luis Echeverría y José López Portillo" es la cantaleta típica de sus detractores.

Y efectivamente, señores, no se necesita ser actuario: aunque se necesita un poco de esfuerzo para comprobar con cifras lo que uno cree, y también un poco de sentido común para comprender que esos gastos pueden ser una amenaza, efectivamente, pero no inmediata, sino a futuro. Me explico, amigo lector: esos 709 pesos los reciben actualmente 376 mil personas mayores de 70 años. Equivalen a 320 millones de dólares al año, aproximadamente. Si tomamos en cuenta el presupuesto total en programas sociales, el gobierno de López Obrador gastó entre enero de

Las verdaderas amenazas

2001 y julio de 2005 alrededor de 3700 millones de dólares.[23]

Esa cifra, de momento, no representa ningún peligro para las finanzas públicas y no tiene punto de comparación ni con el Fobaproa o rescate de los bancos (100 mil mdd) ni con las pérdidas que heredamos de la banca de desarrollo (25 mil mdd) o con el pago de intereses de la deuda (15 mil mdd al año), tan sólo por citar unos cuantos ejemplos. De momento esas pensiones son financiables.

Y aun suponiendo que el PRD ya en el poder extienda esos beneficios a todo el país para ampliar su base electoral (lo más seguro), el presupuesto necesario para mantener esta pensión sería de alrededor de 6900 mdd al año. Sólo por pensiones para personas mayores de 70 años.

Para una economía que vale 650 mil millones de dólares, significa una cantidad mínima: 1.06% del PIB. **Imposible que López Obrador lleve al país a la quiebra en su sexenio con su política social. No al menos en 2006-2012. El problema es que a futuro sí sería una grave amenaza para las finanzas públicas, pues dejaría como legado una pesada herencia.**

El envejecimiento de la población será una presión muy fuerte en este sentido. Datos de Conapo aseguran que para el año 2050, aproximadamente el 28% de la población (calculada para esa fecha en 130 millones de personas) será mayor de 70 años. Estamos hablando de 36 millones 400 mil pensionados que tendrían derecho a recibir ese dinero y que nos estarían costando algo así como 30 mil millones de dólares al año. Esto significa que tan sólo en seis años estaríamos gastando el equivalente a toda la deuda pública del país.²⁴

Si este fuera el caso, podría suceder algo parecido a lo del IMSS; el fenómeno de la *pirámide invertida*: en los años cincuenta, cuando se fundó el Seguro Social, si algo sobraba era dinero y por eso los funcionarios hicieron lo que quisieron. Compraron equipos de fútbol, construyeron estadios de béisbol, centros vacacionales, se robaron el dinero o se repartieron bonos millonarios, entre otras cosas. La base de gente que aportaba cuotas era muy grande (contribuyentes) y la punta muy pequeña (pocos pensionados). En los años setenta, por cada 5 trabajadores activos que pagaban sus cuotas había un jubilado.

Pero las cosas están cambiando. Actualmente tenemos tres trabajadores activos por cada jubilado. ¿Qué va a pasar con el IMSS cuando tengamos un activo por cada jubilado? Y peor aun: ¿dos jubilados por cada trabajador activo? Ponga de cabeza una pirámide: imposible sostenerla. Con la política social podría llegar a pasar lo mismo porque sin reforma fiscal o crecimiento económico sólido, puede llegar el día en que tengamos una base muy pequeña (contribuyentes) con una punta muy grande (beneficiados).

Si además de esto tomamos en cuenta que la esperanza de vida aumentará de 74 años en 2005 a 84 años en 2050, y agregamos las deudas del rescate bancario (Fobaproa), las pensiones del ISSSTE, las pérdidas de la banca de desarrollo, entonces tenemos que el escenario sí es preocupante a futuro, porque sin una reforma fiscal a fondo que dé los recursos necesarios para pagar la política social perredista, o sin reformas económicas que nos hagan crecer por lo me-

Las verdaderas amenazas

nos 5% al año en promedio, el peligro de quiebra para el país es real: según cálculos del ITAM podríamos caer en insolvencia total por ahí del año 2025, aun sin tomar en cuenta la carga de las pensiones autorizadas por el PRD y López Obrador.[25]

Este es, entonces, el riesgo económico de la política social de López Obrador. Pero también hay un riesgo de carácter político.

A mí me queda claro que la política social va a ser defendida *a morir* por el PRD. Será una de sus principales banderas; parte medular de su estrategia para penetrar en la sociedad; para tejer una red clientelar que le asegure poder, el manejo de presupuestos millonarios y la posibilidad de repetir en 2012. No van a dar marcha atrás en este sentido, al contrario.

El éxito de esa política social podría llevarnos a un enfrentamiento cada vez más grave entre poderes y a una marcada polarización social. Si usted observa qué pasó con otros populistas que privilegiaron el gasto social sobre todo lo demás, defendiendo *a capa y espada* a los pobres, casi todos ellos aumentaron su poder, ganaron mayoría en el Congreso en las elecciones intermedias y buscaron modificar la Constitución para reelegirse.

AMLO hizo talco a la oposición en las elecciones intermedias de 2003. El PRD funcionó como una aplanadora. Ganaron prácticamente todo en el DF: el PRI sólo se quedó con una delegación que festejó como si hubieran regresado a Los Pinos, y el PAN perdió cuatro delegaciones para quedarse sólo con dos.

Perredistas al poder

En la Asamblea Legislativa del DF sucedió otro tanto: López Obrador empezó sin mayoría. De 2000 a 2003 tuvo sólo 19 diputados, contra 47 de la oposición. Hubo enfrentamientos y escándalos. Pero cuando empezó a cuajar su estilo popular, sus programas sociales, aplastó a la oposición: **de 2003 a 2006 el PRD logró mayoría al ganar 18 nuevos asientos en el Congreso para quedar con 37 diputados, contra 29 de los partidos de oposición,** quienes quedaron marginados de las decisiones y convidados a ser simples *mirones de palo*.

El gasto social es oro molido para atraer simpatizantes. Varios populistas se afianzaron en el poder gracias a este tipo de políticas o *dádivas*, como dicen sus detractores. Vea usted lo que pasa en Venezuela: a pesar de que estuvieron a punto de derrocarlo en 2002, Hugo Chávez logró aplastar a la oposición. Casi nadie duda que se reelija en 2006, porque los pobres lo adoran.

No olvidemos que la gente humilde es agradecida. Y que las políticas sociales desarrollan cierto fanatismo en las masas. "Obras son amores", dice un refrán popular. Pero a veces perdemos de vista su impacto. Una ocasión me quedé muy sorprendido: caminando por la calle se me acercaron dos muchachas de aspecto sumamente humilde. "¿Verdad que es usted el que sale en la tele?", me preguntaron.

Eran empleadas domésticas. Lo que me dejó sorprendido fue lo que me solicitaron: venían de la sierra de Veracruz y a pesar de que tenían casi 30 años de edad, jamás habían participado en una elección. Nunca habían ido a votar.

Las verdaderas amenazas

Pero ahora sí estaban interesadas en hacerlo y querían que les explicara cómo podían obtener su credencial del IFE. Según me dijeron, querían darle su apoyo a López Obrador para que sea presidente en 2006: eran hermanas y una de ellas madre soltera, beneficiaria de los programas sociales.

Ese es el poder y el arrastre que tiene un líder populista que se sabe enganchar emocionalmente a las masas: se convierte en la voz del pueblo; en representante de los desposeídos, de los olvidados por el sistema, de los despreciados e ignorados por las élites.

Aunque suene a fantasía política, ese es para mí un riesgo político con el gasto social de López Obrador: **si no se desploman los precios del petróleo y cuenta con el dinero suficiente para hacer crecer el gasto social en su sexenio, el PRD podría alcanzar mayoría en el Congreso en las elecciones intermedias de 2009 y quizá antes de 2012 se esté discutiendo una reforma constitucional que permita a un presidente sumamente popular reelegirse, tal y como sucedió con Fujimori en Perú y con Menem en Argentina.**

No estoy diciendo que López Obrador podría convertirse en un dictador… pero sí estoy diciendo que la correlación de fuerzas entre los partidos podría modificarse a escala nacional si se confirma este escenario de éxito en la política social. A mayor presencia electoral del PRD, obviamente menor presencia de PRI y PAN.

Priístas y panistas deberían estar preocupados…

Capítulo V

Conclusiones

Los candados al populismo

1. En caso de llegar a la presidencia, estoy seguro de que López Obrador podría adoptar un perfil de gobierno más parecido al de Lula da Silva. No creo que se convierta en un Hugo Chávez, como afirman con evidente exageración sus detractores. Algunas de esas historias de terror no son objetivas, imparciales, sino interesadas: las cuentan analistas que no son independientes porque prestan sus servicios o simpatizan con partidos políticos; por personas que son muy apasionadas y suelen ser víctimas de las ideologías, o que carecen de suficiente información.

Las razones de por qué no espero una catástrofe económica en caso de que el PRD gane las elecciones presidenciales, las expuse a lo largo de este trabajo:

– La globalización de mercados impone una fuerte disciplina a los gobiernos, que necesitan atraer inversión extranjera para evitar traumáticas devaluaciones;

- La necesidad de ubicarse en el centro para captar los votos de amplios segmentos de clase media urbana que son muy pragmáticos, no tienen ideología y desprecian las posturas radicales;
- El programa de gobierno de AMLO, que es bastante más moderado del que presentó la izquierda con Cuauhtémoc Cárdenas para competir en las elecciones presidenciales de 1994;
- Sus proyectos de gobierno, donde da una importante participación a la iniciativa privada;
- Su equipo de trabajo más cercano que incorpora a tecnócratas que colaboraron con el ex presidente Carlos Salinas de Gortari, como Manuel Camacho Solís o Marcelo Ebrard, y no a socialistas radicales;
- Su cercanía o amistad con poderosos grupos empresariales como el magnate Carlos Slim, la comunidad judía que se beneficia de la obra pública en el DF, o Roberto Hernández, ex socio de Banamex con quien comparte su afición por el béisbol, tan sólo por citar algunos ejemplos.
- El hecho de que la inversión extranjera en el DF haya crecido con el PRD en términos reales, alcanzando el monto más elevado de toda su historia: 33 mil millones de dólares (el 56.2% del total nacional sin considerar inversiones de los bancos españoles) de 2001 a 2005.

Por estas razones a López Obrador debe ubicársele más bien como un neopopulista, no como un populista tradicional.

Bajo cualquier escenario descarto el populismo macroeconómico: presencia de grandes déficit en el presu-

Los candados al populismo

puesto, alta inflación, devaluación y fuga de capitales. No destruirá la economía ni tampoco nos va a regresar a la época de Luis Echeverría (1970-1976) o José López Portillo (1976-1982). Continuará con el proceso de apertura y globalización.

Buscará financiar el gasto social haciendo recortes en otras áreas del presupuesto, con ingresos petroleros, reservas de divisas; es decir, a través de mecanismos no inflacionarios para cuidar la estabilidad macroeconómica, tal y como lo han hecho casi todos los neopopulistas.

2. Sin embargo, se corren algunos riesgos. Analizando el perfil de los grandes populistas de todos los tiempos, es probable que López Obrador base su fuerza en su popularidad y que actúe en nombre del pueblo, lo que recrudecerá el enfrentamiento entre poderes.

3. Buscará aplastar a sus opositores para consolidar su poder, afianzar electoralmente a su partido e imponer su voluntad por encima de las instituciones.

4. Para silenciar o aminorar las críticas a su gobierno, tal vez busque impulsar una *ley mordaza* que le amarre las manos a la prensa como lo intentaron hacer Menem en Argentina, Fujimori en Perú, Lula da Silva en Brasil o Bucaram en Ecuador.

Su relación con los medios de comunicación, salvo honrosas excepciones, no será buena, como no lo ha sido con ningún populista en la presidencia. Quizá se den fricciones más intensas que con Vicente Fox.

5. Si su política social tiene éxito y logra engancharse emocionalmente con las masas como ningún otro líder político lo consiguió en las últimas décadas, no debe

descartarse la posibilidad de que el PRD logre mayoría en el Congreso en las elecciones intermedias de 2009, tal y como lo lograron en el DF en la segunda parte de su administración. En este caso López Obrador tal vez buscaría modificar la Constitución para reelegirse y alargar su permanencia en el poder.

Esta es una regla general para cualquier gobierno populista que logra sobrevivir a los primeros años de gobierno. Ese éxito en lo social es lo que permitió a Fujimori y Menem mantenerse 10 años en el poder; la popularidad que da ese tipo de políticas sociales es lo que explica en buena medida el éxito de Hugo Chávez en Venezuela, donde la gente pobre lo adora y donde pocos dudan que logrará reelegirse.

Las reformas necesarias

Conforme se acercan las elecciones presidenciales de 2006, cada vez más personas en las conferencias que doy por todo el país, me preguntan: *¿qué podemos hacer para evitar la tentación populista?*

Este trabajo no estaría completo si se quedara en la simple crítica; si aspira a ser útil, debe plantear soluciones. Aquí le presento a usted una lista de las reformas que estoy seguro podrían ayudar a reducir el enfrentamiento entre poderes en caso de que llegue a la presidencia Andrés Manuel López Obrador o cualquier otro líder populista en el futuro, así como evitar impactos negativos de largo plazo en el terreno económico:

Los candados al populismo

a) Es necesario modificar la Constitución para darle total independencia al Banco de México frente al Poder Ejecutivo. Debemos eliminar las facultades que tiene el presidente usando su *voto de calidad* en la Comisión de Cambios a través del secretario de Hacienda.

Otra medida precautoria podría tomarla el gobernador del Banco de México, Guillermo Ortiz, antes del 1 de diciembre de 2006, para evitar que se haga un mal uso de las reservas, en caso de que no prosperen las reformas para darle total autonomía al Banco de México: fuera de una cierta cantidad que es indispensable mantener en efectivo para intervenir en los mercados financieros a fin de contrarrestar tendencias negativas, **es aconsejable invertir el resto de las reservas en instrumentos de largo plazo. De esta forma quedarían prácticamente congeladas, intocables.**

Algunos dirán que esta medida es peligrosa porque en caso de emergencia no se podrían utilizar las reservas para evitar un *shock* financiero, pero si ese fuera el caso, los instrumentos de inversión podrían utilizarse como garantía para obtener préstamos de la banca mundial y hacerle frente al problema.

b) Sería muy conveniente independizar a las procuradurías del Poder Ejecutivo y dotar de plena autonomía, *ciudadanizar* como se hizo con el IFE, al Ministerio Público. El hecho de que un presidente o un gobernador tengan en sus manos el control de las investigaciones, de la Policía Judicial, puedan nombrar directa o indirectamente al procurador (y sobre todo despedirlo en cualquier momento), da estímulos perversos para usar el monopolio en el ejercicio de la acción penal con ánimo de venganza en contra de opositores políticos y para darle impunidad a su parentela.

Debemos a toda costa evitar la politización de la justicia que se convertiría en algo todavía más peligroso de lo que ya es, en caso de que llegue un populista al poder.

Actualmente hay tres iniciativas en el Congreso (de PRI, PAN y PRD) para independizar a las procuradurías y dotar de autonomía al Ministerio Público. El trabajo ya está hecho: sólo falta discutir las iniciativas y aprobarlas.

c) Lo mismo puede decirse del proceso de desafuero. No es posible que la Cámara de Diputados tenga en sus manos el procedimiento; que sea juez y parte.

Esto se presta a que se orquesten venganzas de carácter político; a que los legisladores saquen lo peor de sí mismos y a que mientan descaradamente para torcer la ley. Ya lo vimos con Andrés Manuel López Obrador cuando le quitaron el fuero a principios de 2005: lo único que se consiguió fue aumentar la popularidad del ex jefe de gobierno del DF; encumbrarlo para llegar a Los Pinos.

Mantener las reglas del juego tal y como están ahora es muy riesgoso. **¿Se imagina usted lo que podría hacer una mayoría perredista en el Congreso en caso de conseguirla en la segunda parte del sexenio? Aliados en coalición con otros partidos podrían desatar una oleada de venganzas políticas o chantajes para afianzarse en el poder.**

Esta posibilidad no sólo debe impedírsele al PRD, sino también a cualquier otro partido político, sea PRI, PAN o como se llame. El proceso de desafuero debe quedar en manos del Poder Judicial, de un organismo independiente o de un gran jurado popular creado específicamente para esos casos.

d) Debemos acabar con la impunidad del presidente en turno. En México es posible que un gobernante cometa todo tipo de excesos (legales, económicos, políticos) simple y sencillamente porque los ciudadanos no podemos hacerle pagar por los abusos de poder... por sus errores y corruptelas. El presidente no puede ser sometido a juicio político, por eso es necesario modificar la Constitución para poderlo castigar por los desmanes que cometa durante su mandato.

Algunos se oponen porque dicen que haríamos de la presidencia una institución muy vulnerable; que daríamos incentivos a las venganzas políticas y a que los partidos de oposición busquen dar un *golpe de Estado técnico,* deponiendo al presidente usando mecanismos legales. Para eliminar este peligro, en dado caso, bastaría con señalar en la ley que procede el juicio político una vez que termine su sexenio, pero no debemos garantizarle total impunidad.

e) **Es necesario además proteger, a como dé lugar, la libertad de prensa, no sólo de los ataques que pudieran venir de Andrés Manuel López Obrador, sino también de cualquier otro político que llegue con tendencias autoritarias.**

Medios de comunicación libres e independientes son esenciales para vigilar a los gobernantes, hacerlos rendir cuentas y consolidar la democracia.

Es cierto (y estoy totalmente de acuerdo) en que debemos combatir los excesos de la prensa y hacerla rendir cuentas como a cualquier otro poder... es verdad. Pero no es necesario aprobar una nueva ley o crear organismos burocráticos de censura que podrían incrementar el abuso de las autoridades para silenciar o intimidar a los periodistas con el fin de proteger sus intereses. Recuerde que para los poderosos siempre será incómoda, una gran piedra en el zapato, la prensa crítica; por esa razón y bajo cualquier pretexto, siempre estarán dispuestos a tratar de eliminar esa libertad de expresión.

El problema es que actualmente es casi imposible castigar los excesos de los periodistas por dos razones, básicamente. La primera es que las penas, las multas que contempla el Código Penal en caso de cometer un delito, son mínimas, irrisorias: no asustan ni logran corregir a nadie. La segunda y más importante es que los jueces no tienen herramientas legales que sean eficaces para poderlos procesar. Por eso muchas veces los agraviados optan por demandas de carácter civil, conformándose con pedir la "reparación del daño".

La Constitución dispone que la libertad de prensa no tiene más límite que "el respeto a la vida privada, la moral y la paz pública". El problema es que la ley jamás define, nunca especifica qué debe entenderse por respeto a la vida privada, la moral y la paz pública. Ni la Constitución ni la Ley de Imprenta, sobre la que pesan sospechas de inconstitucionalidad, definen esos términos. Esto crea confusión y lagunas legales que son aprovechadas por los abogados para lograr que queden impunes.

Mi propuesta es la siguiente: no sólo hay que elevar las multas y castigos en el Código Penal sino también reformar la Constitución para eliminar el párrafo que

impone como único límite "**el respeto a la vida privada, la moral y la paz pública**", para establecer en su lugar como único límite a la libertad de expresión *"cometer delitos"*.

En el Código Penal ya están contempladas todas aquellas conductas nocivas de algunos periodistas corruptos que es necesario sancionar: los ataques a la moral pública encajan perfectamente bien en los delitos de ultrajes, corrupción de menores, pornografía y prostitución; los ataques a los derechos de terceros o intromisiones en la vida privada están contemplados en los delitos de calumnias, injurias, amenazas y difamación. Y los de perturbar la paz pública encajan en los delitos de conspiración, rebelión, sedición y apología del delito.

¿Para qué una *ley mordaza* o crear organismos burocráticos de censura que ponen en peligro la libertad de expresión, uno de los grandes pilares de la democracia? ¿Para qué arriesgarnos a *hacerle el caldo gordo* a un líder populista o autoritario?

Debemos evitar este peligro definiendo de una vez por todas, en forma clara, la comisión de delitos como límite a la libertad de expresión, y derogar la Ley de Imprenta. La tentación populista podría hacerle un gran daño al país si no nos deshacemos de esta confusión a tiempo.

Combatir las desigualdades sociales

Sin embargo, tengo que aclarar algo muy importante, amigo lector: podemos hacer todas las reformas que usted quiera a la Constitución para tratar de ponerle candados al populismo. Pero aun así no podríamos impedir en cualquier momento (ya sea en las elecciones de 2006 o más adelante) la posibilidad de que nos caiga en el poder un líder autoritario, un demagogo o incluso un "loco". La razón es que las reformas que propuse en el apartado anterior son sólo paliativos, aspirinas que atacan los efectos, pero no las causas de fondo.

Los combustibles que alimentan la llama del populismo se llaman: pobreza, ignorancia, injusticia, desigualdad social. *Mientras dominen en una sociedad, siempre estará latente la posibilidad de que un demagogo o un populista cautive a las masas para llegar al poder.*

Que les prometan el paraíso y que ellos les crean, porque la esperanza muere al último.

Por eso la palabra mágica de todos los populistas que mencioné (Perón, Allende, Alan García, Hugo Chávez, Aylwin, Fujimori, Menem, Bucaram, Lula) *es la esperanza*, ese fue su gran eslogan de campaña o estuvo presente en sus discursos. Por eso tampoco es casualidad que el fenómeno del populismo haya crecido tanto en América Latina, una de las regiones más atrasadas del planeta. En este sentido México todavía es débil, vulnerable.

Es verdad que los actuales niveles de vida no se comparan para nada con los que existían antes de la revolución de 1910; vamos, ni siquiera se comparan con las condiciones en que vivía la población en los años sesenta: la esperanza de vida aumentó, el número de médicos y enfermeras por habitante, la densidad telefónica, los procesos de urbanización, etcétera. La cobertura de electricidad, agua potable, salud y educación también. Se logró avanzar a pesar de

Los candados al populismo

todo; es cierto. Pero el gran problema es que todavía es mucho más lo que aún falta por avanzar.

¿Cómo no queremos que la gente más humilde del campo venda su voto por una torta y un refresco o 150 pesos si se está muriendo de hambre? ¿Si según datos del Banco Mundial sobreviven con dos dólares al día? ¿Usted o yo podríamos sobrevivir con esa cantidad? ¿Se imagina lo que esto significa?

Quizá no necesite recordárselo, pero esos dos dólares son lo que tal vez acostumbra dar de propina a un *valet parking*, y no nos alcanzaría ni a usted ni a mí para pagar ni siquiera cuatro litros de gasolina o medio kilo de carne.

¿Cómo no queremos que aumente la migración hacia EU si en México ni siquiera un título universitario, una licenciatura garantiza el éxito? ¿Cómo no queremos que haya descontento en un país donde médicos trabajan de taxistas, licenciados en turismo andan de maleteros en el aeropuerto, abogados de motociclistas, licenciados en administración de vigilantes? Me ha tocado ver casos dramáticos en este sentido.

Uno de ellos el de una ex compañera de trabajo, proveniente de una familia de clase media alta, que obtuvo una maestría en Informática en una de las universidades privadas de mayor prestigio en el país. En una de esas universidades que aseguran que si uno se gradúa con ellos, se convierte automáticamente en *líder de clase mundial*.

Mi compañera, efectivamente, conoció el mundo, pero por otras causas: a pesar de ostentar título tan milagroso, tuvo que irse a trabajar de niñera a Canadá algunos años. Nadie me lo platicó: me consta.

Perredistas al poder

¿Cómo no queremos que clases medias tengan resentimiento a los ricos o que gente pobre odie a las élites si las desigualdades sociales todavía son muy grandes? ¿Si la brecha no logra cerrarse? Algunos tendrán la fortuna de viajar en autos de lujo, tener inscritos a sus hijos en escuelas de prestigio, vestir ropa de marca, usar corbatas de seda, probar los mejores vinos, vacacionar en grandes destinos de playa, frecuentar a gente famosa o importante.

Pero son millones los que no pueden darle a sus hijos de comer más que un plato de arroz con frijoles, que tienen que conformarse con educarlos en algunas escuelas de mala calidad o que se les mueren en los brazos por falta de atención.

Si algún día tiene oportunidad, pregúntele a soldados rasos por qué ingresan al ejército aceptando un salario de miseria, una disciplina que quizás ni usted ni yo aguantaríamos y vivir alejados mucho tiempo de la familia. Se va a sorprender: seguro alguno le dirá con toda naturalidad que porque en el ejército *come tres veces al día.*

Todos conocemos estas realidades; todos lo sabemos, pero muchas veces fingimos no darnos cuenta; cerramos los ojos ante las desigualdades porque nos hacen sentirnos mal... porque nos incomodan... esa es la verdad. En estas circunstancias no es raro que un populista tenga éxito.

"La rebelión es el lenguaje de los no escuchados", decía Martin Luther King Jr. con gran acierto.

Esa es la fuerza de López Obrador: enfoca su atención en los desposeídos. Atiende con su política social un nicho del mercado electoral por el que muchos políticos no se toman ni siquiera la molestia de preocuparse y que fue descuidado o abandonado por el PRI en los últimos 20 años. AMLO supo llenar y explotar ese hueco. Por eso sus posibilidades son tan grandes.

En este contexto, "Primero los pobres" es mucho más que una simple frase demagógica o un superficial lema de campaña: es una bandera política bajo la cual se sienten representados, esperanzados, millones de marginados.

Alguna vez, ya en sus últimos años y visiblemente enfermo, el ex presidente José López Portillo apareció en televisión, casi con lágrimas en los ojos, suplicando que se le aumentara su pensión; según dijo en esa ocasión, *los 150 mil pesos que le daba el gobierno al mes (unos 15 mil dólares) "ya no le alcanzaban para vivir".*

¿Qué cree usted que podrían sentir modestos trabajadores que viven al día, que sueñan con comprarse una casa de interés social de 40 metros cuadrados que cuesta menos de lo que López Portillo recibía en un mes y que tendrán que pagarla durante 20 largos años de su vida?

Caray, indignante, simplemente indignante en un país donde aproximadamente el 60% de la población recibe 2 o menos de 2 salarios mínimos (unos 2800 pesos mensuales).

¿Sirve de algo el populismo?

El populismo es visto por las élites como una enfermedad, como una anomalía... como una patología política que amenaza sus intereses.

Lo irónico del asunto es que no se trata de un fenómeno raro, extraño al cuerpo social, sino de algo inherente a él, perfectamente normal... muy común en sociedades donde imperan la pobreza y la desigualdad social.

Lo raro, lo anormal también es la riqueza que ellos poseen en abundancia. *Para una sociedad que aspira a ser próspera, justa, esa debería ser considerada la verdadera patología política contra la que habría que luchar para lograr democratizar la riqueza, ampliar las oportunidades del progreso y subir al tren de la productividad a las clases marginadas.*

A las clases altas siempre les provoca pesadillas, les quita el sueño la posibilidad de que se rebele la turba, porque pone en peligro sus comodidades o incluso en algunas etapas de la historia, su propia vida, tal y como sucedió en las revoluciones rusa o francesa, por ejemplo.

Pero lo que tienen que comprender esas élites si en verdad quieren dejar de sentirse amenazadas por el populismo en México, es esto: señores, no basta con lograr que se aprueben las grandes reformas estructurales (energética, laboral, fiscal) para que el PIB, la economía, crezca 5, 6, 7% al año. No basta tampoco con lograr estabilidad macroeconómica (inflación y tasas de interés de un dígito) para que fluya el crédito hacia las empresas y crear empleos.

Además de generar riqueza, de cuidar la estabilidad macroeconómica, tienen que poner en marcha (exclusivamente por razones de sobrevivencia y "seguridad de clase", si así lo quieren ver) programas sociales para mantener alejados a los marginados de la tentación de rebelarse, no necesariamente por caminos violentos, sino a través de líderes demagogos o populistas.

Los candados al populismo

Desde este punto de vista, les conviene poner más atención en lo social si quieren mantener la gobernabilidad del país y, sobre todo, dormir tranquilos.

No se trata de tejer una red clientelar, corporativista, como la del viejo régimen autoritario... no. Se trata de diseñar nuevas políticas sociales que beneficien en la medida de lo posible a los más necesitados y logren incorporarlos a la vida productiva o proporcionarles una vida más digna en medio de una economía en constante crecimiento, apoyada en la promoción de la inversión privada, verdadero motor de la riqueza.

No hay nada más falaz que suponer que niños que estuvieron mal alimentados en sus primeros cinco años de vida, y que por lo mismo quedaron atrofiados en su capacidad intelectual para siempre, puedan convertirse en empresarios exitosos, en líderes sociales. Hay que tener mucho cuidado con la inocente idea de "querer es poder", porque en estos casos no siempre es así: la pobreza extrema puede causar daños biológicos irreversibles.

Gane o no López Obrador en 2006, su ascenso durante el sexenio foxista es una seria advertencia para el resto de la clase política: tenemos que lograr que la economía crezca a tasas elevadas para generar empleos... perfecto... estoy de acuerdo. Pero también tenemos que lograr un mejor equilibrio, atendiendo a los oprimidos y tratando de aminorar los desequilibrios sociales.

Como me decía un amigo español, se trata de "hacer crecer la tarta, pero también de saber convidarla y repartirla".

El auge del populismo y su posible ascenso al poder en México sirve para darnos cuenta del grave error político que cometen quienes detentan el poder económico olvidándose de las necesidades de los pobres; de la miopía de algunos analistas que con una gran falta de sensibilidad se dedican a atacar cualquier tipo de política de beneficio social. De la inutilidad del Congreso y los partidos políticos que nos llevaron a esta situación de riesgo, frenando las grandes reformas estructurales que necesita la economía para crecer y generar empleos: laboral, fiscal y energética.

Sirve para fijar más nuestra atención en las masas empobrecidas o desempleadas que apoyando a líderes mesiánicos como López Obrador o Víctor González Torres, alias "el Doctor Simi", tratan de decirnos que ellos también existen, que también tienen aspiraciones y que están hartos de sus carencias.

Dicen por ahí que *no hay mal que por bien no venga*. Quizá esto le quede como anillo al dedo a López Obrador en caso de que gane las elecciones. El problema es que el aprendizaje nos podría salir caro, muy caro, porque lograr una nueva orientación en materia de políticas públicas en el país quizá se logre a costa de un mayor enfrentamiento entre poderes, intentos por aplicarle *ley mordaza* a la prensa y tal vez hasta la posibilidad de una reelección que nos lleve a reeditar los niveles de corrupción y abuso de poder en que incurrieron Menem y Fujimori en la última parte de sus mandatos.

Ya iniciamos una transición económica en la década de los ochenta, nos deslizamos actualmente por la transición política y quizá con AMLO inicie la transición social.

De cualquier forma, amable lector que ha hecho favor de seguirme hasta aquí, le reitero que pese a los males políticos que pudieran venir con un gobierno populista en 2006-2012, se mantendrá la estabilidad macroeconómica; la tendencia hacia la globalización y el libre mercado. No habrá retrocesos graves en esta materia.

Quizá problemas o recesión en algún momento si caen abruptamente los precios del petróleo como ha sucedido tantas veces en el pasado, pero no una catástrofe financiera provocada por el gobierno de López Obrador.

Insisto: mi expectativa es de populismo político, no macroeconómico. Un estilo de gobernar más cargado al lado de Lula da Silva y no tanto de Hugo Chávez.

A final de cuentas AMLO terminará negociando con las élites, las oligarquías y con las fuerzas oscuras que tanto ataca en sus discursos. Con los "banqueros vampiros" y "el hampa de la política".

Llegará el momento en que se convierta en un presidente alabado por el Fondo Monetario Internacional, asistido por el imperio (el gobierno de EU) y siempre bien recibido por un Banco Mundial que estará dispuesto a abrir la chequera para financiar sus programas sociales.

Dicen los socialistas apasionados que "el corazón late a la izquierda". Y es verdad, señores… late a la izquierda. Pero se les olvida que también sirve para bombear sangre y mantener "viva a la derecha".

Ya lo verá usted… ya lo verá.

Notas

Capítulo I: La fuerza de López Obrador

1. De acuerdo con una encuesta de Mitofski, una de las firmas de consultoría más acertadas y creíbles del país, fechada en agosto de 2005, AMLO ocupa el primer lugar respecto al porcentaje de entrevistados que dijeron conocerlo, con un 93.4% del total; en segundo lugar apareció Roberto Madrazo, del PRI, con 90.9%, y en tercer lugar el ingeniero Cuauhtémoc Cárdenas con 87.2%. También de acuerdo con estos estudios, AMLO encabeza las encuestas de intención de voto por candidato, por lo menos desde agosto de 2003. Los datos están en línea: www.consulta.com.mx.
2. *The Washington Post*, artículo reproducido por *Proceso*, núm. 1496, julio 3 de 2005, pp. 7-11.
3. Se puede consultar en línea: www.segob.gob.mx. La encuesta se publica cada dos años. La de 2003 es la más reciente; la próxima aparecerá en 2006.
4. "Las decadencias, como los nacimientos, se envuelven históricamente en la tiniebla y el silencio... el hombre queda completamente desmoralizado. Pierde toda fe espontánea, no cree en nada que sea una fuerza clara y disciplinada... Física y mentalmente degenera... Comienza el reinado de la cobardía... el valor se convierte en una cualidad insólita que sólo algunos poseen... Los ritos más absurdos atraen la adhesión de las masas... En suma: incapaz el espíritu de mantenerse por sí mismo en pie, busca una tabla en donde salvarse del naufragio y escruta en torno, con humilde mirada de can, alguien que le ampare. El alma supersticiosa es, en efecto, el can que busca un amo... el hombre tiene un increíble afán de servidumbre. Quiere servir ante todo: a otro hombre, a un emperador, a un brujo, a un ídolo. Cualquier cosa, antes que sentir el terror de afrontar solitario, con el propio pecho, los embates de la existencia." Ortega y Gasset, José: *La rebelión de las masas*, 4a. ed., Porrúa, México, 2002, pp. 71-72.
5. Esa época quedó inmortalizada en una película de Greta Garbo llamada *Las calles tristes* (1925). Las consecuencias de esa crisis se prolongaron casi toda la década de los años veinte. Hitler ascendió al poder en 1929. Para una

interesante crónica documentada con fotografías de la época, véase Stolze, Diether, y Jungblut, Michael: *Capitalismo*, Caralt, Barcelona, 1971.
6. *Diccionario de biografías*, Océano, Barcelona, p. 466.
7. Fergusson, Adam: *Cuando muere el dinero*, Alianza Universidad, Madrid, 1984, pp. 19-20.
8. "Una victoria del espartaquismo en Alemania podría ser muy bien el preludio de la revolución en todas partes; renovaría las fuerzas del bolchevismo en Rusia y precipitaría la temida unión de Alemania y de Rusia." Keynes, John Maynard: *Las consecuencias económicas de la paz*, Crítica, Barcelona, 1987, p. 187.
9. En línea: www.latinobarometro.org/index.php?id=66.
10. "Sólo América Latina puede mostrar tantos intentos como fallas para ser 'occidental' durante el siglo veinte. Intentos republicanos transformados en oligarquías, esfuerzos democráticos reducidos a formas dictatoriales, búsqueda de orden para caer en crónica inestabilidad y anarquía... Forjó también la utopía de clases medias sólidas que rara vez se completó." Filgueira, Fernando, y Rossel, Cecilia, en *Política y gobierno en América Latina*, Tirant Lo Blanch, Valencia, España, 2005, p. 355.
11. "Si los nuevos gobiernos son incapaces de reavivar el crecimiento económico, fuerzas antidemocráticas (de derecha o de izquierda)... podrían aumentar su influencia... en estas circunstancias, la tendencia a la democratización podría demorarse, o incluso revertirse", en Nelson, Joan M., *et al.*: *Coaliciones frágiles: la política del ajuste económico*, Centro de Estudios Monetarios Latinoamericanos (CEMLA), México, 1989, p. 37.
12. Ante la afirmación de que "un poco de mano dura del gobierno no viene mal", un 54% de los encuestados dijeron estar de acuerdo. Véase Latinobarómetro, *supra*.
13. Enrique Jackson, revista *Quién*, núm. 94, julio 15 de 2005. www.quien.com.
14. "Si en 2000 Fox y AMLO vendieron 'cambio', este último se percató del carácter perecedero de esta mercancía. Añoramos firmeza y él nos la ofrece... Se dio cuenta de que la ciudadanía quiere que se 'tomen decisiones firmes', y no precisamente que se tomen las mejores." Trelles, Alejandro y Zagal, Héctor: *AMLO: historia política y personal del jefe de gobierno del DF*, 2a. ed., Plaza & Janés, México, 2005, p. 36. Este punto de vista lo reflejaron también algunos panistas. Un buen ejemplo es Felipe Calderón: "Te puedo decir el perfil que considero idóneo para el candidato del PAN, que les sería útil y conveniente a los panistas... Para el PAN es importante que su candidato sea un panista; aunque parezca raro, eso es muy importante... el perfil que requiere el PAN y el país es de políticos con formación técnica y que, además, tengan firmeza de carácter en la toma de decisiones y en la conducción del gobierno", declaró en una entrevista a la revista *Voz y voto* en febrero de 2005 (núm. 144, p. 12). Mi interpretación es que Felipe Calde-

rón prácticamente da a entender que Fox es un advenedizo, carente de preparación y sin carácter.
15. "La evidencia indica claramente que la clase social está fuertemente relacionada con las posiciones en el eje democrático-autoritario: los sectores más escolarizados y de ocupaciones profesionales son más prodemocráticos... mientras que los menos escolarizados y de ocupaciones fundamentalmente manuales son más autoritarios y fundamentalistas." Moreno, Alejandro: *Democracia, actitudes políticas y conducta electoral*, FCE, México, 2003, p. 114.
16. El tema de la conferencia ese día fue "Estrategia política".
17. "Esta ignorancia masiva convulsionó a más de un teórico de la democracia... para quienes una sociedad democrática debería tener la información y el conocimiento suficientes para tomar las decisiones correctas acerca de quién gobierna y con qué mandato", dice el doctor Alejandro Moreno, *op. cit.*, p. 194.
18. Goleman, Daniel: *La inteligencia emocional*, 40a. ed., Javier Vergara Editor, México, 2004, pp. 27-28.
19. Entre los cientistas políticos que buscan afanosamente estudiar los fenómenos para descubrir su esencia, basando sus investigaciones en discusiones teóricas, sofisticadas, y los estrategas electorales que se mueven sobre el terreno y que suelen ser fundamentalmente pragmáticos, existe un mutuo desprecio. Una discusión que recuerda el abismo entre la teoría y la práctica. Mientras estos últimos dicen que los politólogos andan perdidos y que serían incapaces de ganar una campaña electoral con sus conocimientos, aquellos acusan a los consultores de "sofistas", de alimentar la retórica en perjuicio del conocimiento científico. Los estrategas electorales se defienden diciendo que en una campaña electoral se trata de ganar, no de buscar la verdad. Para una interesante descripción acerca de este enfrentamiento, véase Martín Salgado, Lourdes: *Marketing político: arte y ciencia de la persuasión en democracia*, Paidós, Madrid, 2002, pp. 29-43.
20. Incluso los más destacados teóricos de la democracia avalan este punto de vista desde hace tiempo, al afirmar que el éxito económico es crucial para que un régimen democrático logre sobrevivir y sostenerse. El primero en estudiar esta tesis fue S. M. Lipset en 1963, en su clásica obra *El hombre político*. Uno de los más afamados que la defienden en la actualidad es Adam Przeworski. Véase *Democracia y mercado*, Cambridge University Press, 1995.
21. Durán Barba, Jaime, y Nieto M., Santiago: "¿Por qué votan los electores?", informe confidencial, texto provisional de discusión interna, Quito, sin fecha.
22. Trelles y Zagal, *op. cit.*, pp. 23-24.
23. Del Rey Morató, Javier: *Los juegos de los políticos*, Tecnos, Madrid, 1997, p. 96.

24. Foucault, Michel: *Microfísica del poder*, Ediciones de La Piqueta, Madrid, 1992, p. 130.
25. "La política meramente racional es conveniente pero no es atractiva, porque pensar es más difícil que sentir." Esta frase es de Enrique Canales y fue publicada por el periódico *Reforma* el 1 de marzo de 2005.
26. *Excélsior*, octubre 21 de 2002, sección A, p. 4.
27. "La mercadotecnia de las emociones está orientada a trabajar en el nivel del inconsciente, donde el individuo opone mucho menor resistencia a la información que se le proporciona... Este nivel garantiza mejores resultados... De hecho, se puede decir que la contienda electoral representa un choque de pasiones, más que un enfrentamiento de razones", dice con mucho tino Andrés Valdez Zepeda en *Voz y voto*, núm. 137, julio de 2004, pp. 21-23.
28. "La gente quiere ver y oír al candidato. Quizá no se parezca a Robert Redford, ni hable como Ronald Reagan, pero la gente quiere verlo, oírlo, quiere hacerse una idea propia acerca de él. Creo que muchos consultores cometen a veces el error de creer que la gente sabe mucho acerca del candidato. Esto no es verdad y, cuanto más tiempo estoy en el negocio, más me convenzo de que el contacto visual ('el rostro ante la cámara' como dicen en Gran Bretaña) es una de las mejores armas que se pueden usar... He visto candidatos que han triunfado en procesos electorales sin asistir nunca a un programa de opinión en la televisión... dirija el fuerte de su acción a mover a los indecisos y no a discutir con los decididos... Es a ellos a los que debe dirigirse el mensaje... Si su candidato no es muy preparado académicamente y hay un programa en el que los intelectuales lo van a crucificar, simplemente no vaya al programa." Napolitan, Joseph: *Cien peldaños al poder*, 2a. ed., Casa Editorial SENTE, Quito, 2002, pp. 81 y 102.
29. Así lo declaró, textual, ante las cámaras de TV Azteca el 26 de mayo de 2005. La propuesta también aparece en su página de Internet: www.lopezobrador.org.mx o www.amlo.org.mx.
30. Trelles y Zagal, *op. cit.*, p. 125.
31. "De continuar así las cosas, me parece que en el 2006 podríamos estar muy cerca de un estado de ánimo... que consiste en la espera de la llegada de la salvación por medio de un frente patriótico o cualquier otra figura. La oferta totalitaria de una intensa inclusión en una sociedad marcada por profundas divisiones puede resultar plena de sentido, con un pie en el mito irracional de jugarse el todo por el todo. Una oferta que además proponga movimiento donde hay estancamiento, que ofrezca una sensación de 'altura de miras' y que cree la imagen de una 'misión nacional'. La oferta que Hannah Arendt calificó como el 'sexto sentido' del totalitarismo." Losada, Teresa: *Recuento de las elecciones del año 2003*, Gernika, México, 2004, pp. 49-50.

Michel Foucault, por su parte, asegura que: "Los procedimientos de todo poder son sospechosos de ser fascistas del mismo modo que las masas son sospechosas de serlo en sus deseos". *Op. cit.*, p. 178.

Notas

Capítulo II: ¿Por qué le tienen miedo?

1. Borja, Rodrigo: *Enciclopedia de la Política*, 3a. ed., FCE, México, 2003, pp. 1110-1112. De aquí en adelante la seguiremos para describir las características esenciales del populismo, agregándole anotaciones propias. Otra descripción interesante, aunque algo más académica, se puede consultar en: Bobbio, Norberto, *et al.*: *Diccionario de Política*, 13a. ed., Siglo XXI Editores, México, 2002, pp. 1247-1258.
2. "Cuando las instituciones políticas son consideradas vehículos de perpetuación de las desigualdades injustas o promotoras de los intereses de las élites, ello mina el desarrollo de la democracia y crea condiciones para el desmoronamiento del Estado", advierte el *Informe sobre el desarrollo humano 2005* del Programa de las Naciones Unidas para el Desarrollo (PNUD), pp. 21-76, de donde obtuvimos los datos de la desigualdad del ingreso.
3. Foucault, *op.cit.*, p. 152.
4. De la Torre, Carlos: "Los medios masivos de comunicación social, el populismo y la crisis de la democracia", en revista *Debate*, núm. 49, Ecuador, septiembre 5 de 2005. Disponible: www.dlh.lahora.com.ec/paginas/debate/paginas/debate49.htm.

    Otro ejemplo de discurso populista que enfrenta a pobres contra ricos es el de Juan Domingo Perón en su segunda vuelta al poder en Argentina (1973): "Nunca decíamos que en la Argentina había tantos miles de pesos per cápita porque sabíamos que ese era un cuento chino... En 1955 el trabajador recibía el 47,6 por ciento del producto neto; las empresas recibían el resto. En este momento los obreros perciben el 33 por ciento... y el 67 por ciento corresponde a los patrones. Eso tenemos que nivelarlo... Ese equilibrio, que actualmente está roto, lo impondremos poco a poco, hasta llegar nuevamente a lo que el Justicialismo aprecia que debe ser: un 50 por ciento... para cada una de las partes. En eso estamos; en lo justo, en lo posible y en lo conveniente". Sidicaro, Ricardo: *Los tres peronismos*, Siglo XXI Editores, Buenos Aires, 2002, pp. 117-118.
5. De acuerdo con Mitofski, los que menos opiniones desfavorables tienen respecto a López Obrador son las personas con 50 años o más (12.8%) y las personas con escaso nivel de instrucción, como los analfabetas o quienes cursaron tan sólo la primaria con únicamente 11.4% del total, y cuenta además con un buen nivel de posicionamiento en todo el país, superando ampliamente a sus competidores en la elección presidencial. Disponible en línea: www.consulta.com.mx, agosto de 2005.
6. "Sócrates: ¿Cuál es ese bien que, según dices, es el mayor para los hombres y del que tú eres artífice? Gorgias: El que, en realidad, Sócrates, es el mayor bien; y les procura la libertad y a la vez permite a cada uno dominar a los demás en su propia ciudad. Sócrates: ¿Qué quieres decir? Gorgias: Ser capaz de persuadir, a los jueces en el tribunal, a los consejeros en el Consejo, al

pueblo en la Asamblea y en toda otra reunión en que se trate de asuntos públicos. En efecto, en virtud de este poder, serán tus esclavos el médico y el maestro de gimnasia, y en cuanto a ese banquero, se verá que no ha adquirido la riqueza para sí mismo, sino para otro, para ti, que eres capaz de hablar y persuadir a la multitud." Platón, *Diálogos*, Gredos, Madrid, 1999, 3a. reimpr., pp. 32-33 (452d, 452e).

Para Gorgias, nos movemos en el mundo de la mera opinión, siendo la verdad para cada uno de nosotros aquello que nos persuade como tal. Para una biografía de este personaje, véase: www.cibernous.com/autores/sofistas/teoria/gorgias.html.

7. Franceschini, Paul-Jean, y Lunel, Pierre: *Calígula*, Ediciones B, Barcelona, 2004, pp. 96 y 137. Para una descripción de la decadencia y corrupción del Imperio Romano de aquella época, véase Zoltan Mehesz, Kornel: *Roma corrupta, Roma perversa*, Porrúa, México, 2003.
8. Trelles y Zagal, *op. cit.*, p. 55.
9. Jeambar, Denis, y Roucaute, Yves: *Elogio de la traición: sobre el arte de gobernar por medio de la negación*, Gedisa, Barcelona, 1999, 2a. reimpr., p. 84.
10. "El hombre es un animal soñador, y la incapacidad de soñar hace de éste menos que humano... no conocemos ninguna colectividad humana cuyos miembros no tengan un sentido de la perfección, una visión que anule y trascienda las frustraciones inherentes a nuestra condición humana", dice Irving Kristol. El problema se presenta cuando esa capacidad de soñar elimina o neutraliza a la razón, pues según Kristol, "Es muy común que existan también dementes para quienes se vuelve imposible separar los sueños de la realidad, y de este tipo de locura hemos tenido, desgraciadamente, demasiada experiencia... buena parte de la historia moderna transcurre bajo el signo de esta segunda clase de locura, llamada comúnmente 'utopismo'... La historia intelectual de los últimos cuatro siglos consiste en islas de cordura flotando en un océano de 'chifladuras' (*dottines*), como lo llaman los ingleses". Me parece que en este último caso encaja Hugo Chávez en Venezuela con su proyecto de "República Bolivariana". Véase Kristol, Irving: "Utopismo antiguo y moderno", revista *Estudios públicos*, núm. 33, Santiago de Chile, 1999, p. 343 y ss. Disponible en línea: www.cepchile.cl/dms/lang_1/cat_644_inicio.html.
11. Trelles y Zagal, *op. cit.*, p. 53.
12. Un buen ejemplo de esto es Raúl Cremoux. Respecto a la posibilidad de que AMLO llegue a Los Pinos, dice: "La deuda externa, lejos de reducirse, aumentará... Los linchamientos humanos contra policías que ocurren en la sierra de Oaxaca o en el centro de Chilpancingo serán vistos como acciones naturales del pueblo contra las que no hay que meterse... Las calles y avenidas estarán aún más llenas de baches; el ruido por doquier será enloquece-

Notas

dor. Las tribunas legislativas en cada estado serán tomadas por el partido de López Obrador cada vez que... determinada iniciativa no les guste... Ni héroes deportivos, ni hazañas científicas, literarias o técnicas podrán hacerle sombra... todos deberán ser puestos muy atrás de la imagen de su graciosa majestad 'AMLO Primero'... en un vertiginoso viaje al pasado volveremos a vivir... el sexenio de don Luis Echeverría". *El Universal*, abril 8 de 2005.

13. AMLO obtuvo su punto más bajo de popularidad en las encuestas rumbo a la presidencia en mayo de 2004, a raíz de los *videoescándalos*, donde apareció casi empatado con Roberto Madrazo del PRI y Santiago Creel del PAN: 27% para AMLO contra 24% de Madrazo y 23% de Creel. Sin embargo, cabe hacer notar que ni siquiera en este momento crítico dejó de aparecer en el primer lugar en las encuestas. Sus posibles competidores no han logrado desbancarlo. Y a partir de ahí empezó a recuperarse para alcanzar su nivel máximo de popularidad, que logró en mayo de 2005 con 42.5% como consecuencia del proceso de desafuero; prácticamente el doble que sus contrincantes. Por este motivo algunos analistas sospechan que los mejores publicistas de López Obrador han sido Vicente Fox y su esposa Martha Sahagún, quienes planearon básicamente la estrategia del desafuero.
14. Trelles y Zagal, *op. cit.*, pp. 109-110.
15. *Proceso*, núm. 944, diciembre 5 de 1994.
16. Sobre una historia y crítica de las "hordas" perredistas, escrita por uno de sus militantes, véase Sánchez, Marco Aurelio: *PRD: el rostro y la máscara. Reporte de la crisis terminal de una élite política*, Centro de Estudios de Política Comparada, AC, México, 2001, 138 pp. Sánchez cita a José Martí en alusión al PRD: "Ni con la lisonja, ni con la mentira, ni con el alboroto, se ayuda verdaderamente a una obra justa. Partido cacareador, partido flojo" (p. 43).
17. *Crónica*, febrero 6 de 2003. El ingeniero Cuauhtémoc Cárdenas, por su parte, dijo: "Veo con profunda preocupación que el desprecio a los principios, el oportunismo, los sectarismos, las prácticas clientelares y las burocracias parasitarias se han enquistado en algunas estructuras importantes y en algunos mecanismos de toma de decisiones de nuestro partido". Citado en Trelles y Zagal, p. 76.
18. "En el pequeñísimo grupo que participó, las opiniones se dividieron así: los que se inclinaron por el No, alrededor de 142,000; los que favorecieron el Sí, alrededor de 274,000; los pocos que participaron, en una proporción de dos por uno, se inclinaron por la obra vial... También sabemos que esa opinión es contraria al sentir general... El jefe de gobierno sabía que las encuestas abiertas indicaban un sentir general contrario a la obra (52 por ciento)... las autoridades locales no estuvieron demasiado preocupadas por la tenue difusión del ejercicio. Lograron lo que querían aunque se trate de una aberración democrática. Pueden justificar un Sí y lanzarse contra el sentir ciudadano. Por eso

los plebiscitos son instrumentos tan delicados y deben ser utilizados en situaciones excepcionales. Por eso los teóricos le tienen tanto resquemor... No todo lo que suena progresista —democracia participativa por ejemplo— es favorable a la democracia. Se puede engañar con actos de participación." Federico Reyes Heroles, revista *Cambio*, año 2, núm. 68, octubre de 2002.
19. No cabe duda de que, como dicen sus biógrafos, "Los controles lo lastiman. Él percibe los controles externos y autónomos como la forma en que la oposición puede quitarle presupuesto y atarle las manos". Trelles y Zagal, *op. cit.*, p. 182.
20. Barahona Urzúa, Pablo, *et al.*: *Mil días, mil por ciento: la economía chilena durante el gobierno de Allende*, Universidad Finis Terrae, Santiago de Chile, 1993, pp. 5-6. En estricto rigor analítico, algunos autores no clasifican al gobierno de Salvador Allende como "populista". La razón fundamental es que un populista jamás pone en peligro el marco institucional donde se desenvuelve; nunca busca una revolución, sino canalizar las energías de las masas para cambiar la orientación de las políticas públicas. Siempre terminan pactando con las élites. Sin embargo, decidí incluirlo como "populista" y no como "revolucionario" ateniéndome a factores de tipo exclusivamente económico, pues desde este punto de vista comparte casi las mismas características de un Alan García o un Hugo Chávez. Se trata de un populista macroeconómico.
21. *Ibid.*, p. 28.
22. *Ibid.*, p. 60.
23. *Ibid.*, p. 75.
24. En Dornbusch, Rudiger, y Edwards, Sebastián (comps.): *Macroeconomía del populismo en la América Latina*, FCE, México, 1992 (Lecturas de El Trimestre Económico, núm. 75), p. 300.
25. *Ibid.*, p. 359.
26. "Reporte especial sobre la gestión económica del gobierno aprista", Macroconsult, SA, Lima, julio de 1990, pp. 114-115. Una copia de este informe que mandó hacer el Congreso del Perú me la envió por fax el entonces senador Luis Bustamante Belaunde en junio de 1994. Le sigo estando agradecido porque nunca me imaginé que después de 11 años de haberlo hecho, sigue siendo de utilidad para mí.
27. Santamaría, Gema: "El trágico triunfo de Chávez, o la democracia que nunca fue", *Foreign Affairs*, vol. 4, núm. 4, 2004, pp. 70-77.
28. Johnson, Scott: "La Venezuela de Chávez", *Letras libres*, año VII, núm. 79, julio de 2005, p. 22.
29. "El Comité Ejecutivo Nacional del PRD realizó una evaluación sobre el desempeño que han realizado todos sus militantes que han alcanzado un cargo de elección popular y detectó que en su mayoría no han sabido asimilar el cargo que se les encomendó y por ello en el siguiente proceso electoral han

Notas

sufrido derrotas", reconoció Martha Delia Gastelum, secretaria de Formación Política. Señaló que el caso más grave es en el apartado de presidencias municipales, ya que el 60 por ciento de las que alguna vez ocuparon las perdieron por esta razón. Dijo que un factor determinante de esta situación es la formación académica que tienen en su mayoría los militantes perredistas y ejemplo de ello es que de los cerca de 55 mil dirigentes que tienen en todo el país, desde el presidente del CEN y hasta el último de los comités de base, aproximadamente 30 mil están en un rango que va del analfabetismo hasta la educación secundaria: "Hicimos una evaluación entre los consejeros nacionales y nos dimos cuenta de que tenemos desde compañeros que tienen maestrías y doctorados hasta compañeros que apenas saben leer y escribir, eso es real". *Reforma*, octubre 5 de 2002.

30. Trelles y Zagal, *op. cit.*, p. 45.
31. Disponible en línea: www.consulta.com.mx.
32. En los *Diálogos* ("Gorgias", 474 b) pone en boca de Sócrates la frase "con la multitud ni siquiera hablo", y en *La República* (VI, 493 a, b, c) dice: "Es como si alguien, puesto a criar a una bestia grande y fuerte, conociera sus impulsos y deseos, cómo debería acercársele y cómo tocarla, cuándo y por qué se vuelve más feroz o más mansa, qué sonidos acostumbra a emitir en qué ocasiones y cuáles sonidos emitidos por otro, a su vez la tornan mansa o salvaje; y tras aprender todas estas cosas durante largo tiempo en su compañía diera a esto el nombre de sabiduría, lo sistematizara como arte y se abocara a su enseñanza, sin saber verdaderamente nada de lo que en estas convicciones y apetitos es bello o feo o bueno o malo o justo o injusto; y aplicara todos estos términos a las opiniones del gran animal, denominando 'buenas' a las cosas que a éste regocijan y 'malas' a las que lo oprimen".
33. Ingenieros, José: *El hombre mediocre*, Época, México, 2003, pp. 220-221.

    De hecho abundan los casos donde se ha tratado de bloquear, limitar o incluso anular la participación de esos estratos sociales. Podemos citar como ejemplo a Renán, quien después de la derrota de Francia en 1870, escribió un célebre libro: *La reforma intelectual y moral de Francia*. Ahí dijo que el mayor mal de su país, la causa de su derrota, había sido una democracia "mal entendida" que creía ciegamente en el voto universal. Debido a que se le permite votar en las elecciones a todo tipo de gente —según Renán—, desaparecieron las clases nobles, el patriotismo y el amor a la gloria, con lo que el gobierno de las cosas se trasladó a "la masa", cuyos dos polos —el obrero y el campesino— "son torpes y están dominados por el punto de vista superficial del interés".
34. Ortega y Gasset, *op. cit.*, pp. 111-177.
35. "Respecto a la escritora Guadalupe Loaeza, se dice que: 'Al tiempo que se adentraba en un nuevo círculo de periodistas e intelectuales en el que el estigma de 'niña bien' le impedía encajar fácilmente, la ruptura ideológica

con la 'derecha recalcitrante' del medio burgués al que pertenecía le obligó a pagar —como por los vestidos de marca que no ha dejado de comprarse— un precio muy alto. No sólo sus amigas —que ya no lo son— le retiraron el habla, la tacharon de 'traidora de clase' y de 'andar con nacos'; Guadalupe acabó por separarse del empresario francés Xavier Antoni, propietario de la cadena de tiendas Edoardos', con quien procreó dos varones y una niña."
Reforma, octubre 2 de 2005.

Capítulo III: ¿Realmente es un peligro?

1. Pazos, Luis: *Un populista en el 2006*. Diana, México, 2005, pp. 128-129.
2. Real Academia Española: *Diccionario de la lengua española*, 21a. edición, 1992, p. 1016.
3. Una interesante exposición sobre los "neopopulistas" se encuentra en Hermes, Guy, *et al.*: *Del populismo de los antiguos al populismo de los modernos*, El Colegio de México, México, 2001, 430 pp., y Laclau, Ernesto: *La razón populista*, FCE, México, 2005, 310 pp.
4. Desde mediados del siglo XIX solía distinguirse a los "reformistas" (los que en el fondo no buscan un cambio de régimen capitalista sino tan sólo mejorar las condiciones materiales de vida de los obreros) y los "revolucionarios", que sí buscaban por medio de la violencia transformar el régimen de explotación. Carlos Marx advirtió, refiriéndose a los reformistas: "Este socialismo no entiende, en modo alguno, la abolición de las relaciones de producción burguesas —lo que no es posible más que por vía revolucionaria—, sino únicamente reformas administrativas realizadas sobre la base de las mismas relaciones de producción burguesas, y que, por tanto, no afectan a las relaciones entre el capital y el trabajo asalariado, sirviendo únicamente, en el mejor de los casos, para reducirle a la burguesía los gastos que requiere su dominio y para simplificarle la administración de su Estado". Marx, Carlos: *Manifiesto del Partido Comunista*, 2a. ed., Ediciones El Caballito, México, 2002, p. 84.
5. "Cada cosa que hace o dice la izquierda latinoamericana sirve solamente para mostrar su ineptitud... Si estalla una rebelión popular se monta en la ola rebelde, no para darle orientación revolucionaria, sino más bien para conminar a las masas a tomar el camino de la legalidad y para incentivarlas a participar en procesos electorales que las clases... dirigentes organizan desde el Estado bajo el propósito de controlar el estallido social... la izquierda corre a ponerse en primera fila, pero no para luchar por el poder, sino más bien para contribuir a que la burguesía arregle sus líos internos y salga airosa del problema." Arce Borja, Luis: *América Latina: ¿revolución o reformismo?*, Ediciones El Diario Internacional. Disponible en línea: www.eldiariointernacional.com/Descarga/Book.pdf.

Notas

6. "Informe de la Comisión Nacional de Verdad y Reconciliación", publicado por el diario *La Nación* el 12 de marzo de 1991, Santiago de Chile. Sobre las atrocidades de Pinochet, narradas desde una perspectiva de izquierda, véase Scherer, Julio: *Pinochet: vivir matando*, Aguilar Nuevo Siglo, 2000, 146 pp.
7. "La conclusión central que puede extraerse de este trabajo es que la proyección del escenario del SÍ implica mantener en el tiempo tasas de crecimiento del PGB en torno a 5%, en forma estable, mientras que la proyección del escenario del NO significa una bonanza transitoria, que inevitablemente da origen a un ajuste posterior... Los resultados obtenidos no deben causar sorpresa. En el caso del escenario del SÍ, se trata simplemente de la proyección en el tiempo de los resultados alcanzados durante el último quinquenio, para lo cual se ha considerado una consolidación de las políticas implementadas en el marco del proceso de ajuste estructural. En el caso del escenario del NO, los resultados proyectados quedan avalados por la evidencia histórica de la economía chilena, caracterizada por tasas de crecimiento promedio no superiores a 3.5%, que a su vez fueron la consecuencia de un conjunto de políticas de similar naturaleza a las que están contenidas en el 'Programa Básico de Gobierno', suscrito por un conjunto de partidos." Cheyre, Hernán: *Proyecciones económicas para el período 1989-1997 bajo escenarios políticos alternativos*, Santiago de Chile, 1988. Este trabajo a mi parecer es una muestra de los errores (relativamente frecuentes) en que incurren algunos analistas que sostienen una visión reduccionista: el análisis evidentemente no tomó en cuenta el contexto político, centrándose en factores exclusivamente de carácter económico. También es una muestra de que la academia, las universidades, no son una especie de "oasis" en medio de la contienda electoral, pues en algunos casos también están sujetas a cierta influencia de carácter ideológico o partidista. La ciencia al servicio del poder. Disponible en línea: www.cepchile.cl/dms/lang_1/home.htm.
8. "Corbalán trató de asesinar a Patricio Aylwin", diario *Chile Hoy*, agosto 6 de 2003. Disponible en línea: www.chile-hoy.de.
9. Una parte del electorado estaba atemorizado y casi nadie hubiera apostado por tan buenos resultados económicos con Patricio Aylwin. Las encuestas más creíbles reflejaban que aunque la mayoría creía que era una persona inteligente y preparada, además de tener capacidad para gobernar, aun así 38.8% de los encuestados creían que en caso de llegar al poder podrían desatarse graves conflictos con las fuerzas armadas y que en su gobierno el Partido Comunista tuviera una excesiva influencia (34.1%). Méndez, Roberto: "La opinión pública y la elección presidencial de 1989", conferencia presentada durante el seminario sobre las elecciones generales chilenas de 1989 en el Centro de Estudios Públicos, Santiago de Chile, 4 de enero de 1990. Disponible en línea: www.cepchile.cl/dms/lang_1/home.htm.

Sobre los indicadores macro, consultar *Estadísticas Financieras Internacionales*, FMI. Para mí, el hecho de que Aylwin haya ganado las elecciones con amplio margen a pesar de estos temores, demuestra el pragmatismo con que actúan los votantes cuando se acumula un fuerte deseo de cambio.

10. Mundet de Lemme, Lina: *Dimensión argumentativa del discurso político*, Universidad de Belgrano, Departamento de Investigación, Facultad de Derecho y Ciencias Sociales, Documento de Trabajo núm. 77, Buenos Aires, octubre de 2001, y *Discursos & Economía: la economía en los discursos famosos a través del tiempo*. Disponible en línea: www.paronetto.org/discursos/menem.htm.
11. "Biografías de líderes políticos". Disponible en línea: www.cidob.org/bios/castellano/indices/indices/htm.
12. De la Torre, *op. cit.*
13. Ghersi, Enrique: "La elección presidencial peruana de 1990", revista *Estudios públicos*, núm. 42, Santiago de Chile, otoño de 1991. Disponible en línea: www.cepchile.cl/dms/lang_1/home.htm.

    Tuve la oportunidad de conocerlo personalmente. De hecho, en una visita que hizo a México en 1991, durante un desayuno que tuvo lugar en el Café Tacuba del Centro Histórico, al que lo invité después de haberle organizado una conferencia de prensa, cuando le pregunté su opinión sobre esta experiencia, me contestó un poco en broma: "Ni me lo recuerdes, si es que no quieres que me haga daño el desayuno".
14. Traine, Martín: "Neopopulismo: el estilo político de la pop-modernidad", revista *Diálogo político*, Fundación Konrad Adenauer, año XXI, núm. 2, junio 2004. Disponible en línea: www.kas.org.ar/DialogoPolitico/Dialog/2004/DialPol2_04/cinco.pdf.
15. *El origen de la nueva política macroeconómica del Perú en los años 90*, Instituto Libertad y Democracia (ILD). Disponible en línea: www.ild.org.pe/esp/history3.htm.
16. Fujimori, Alberto: *Desde Tokio*, página web. "Programa de Privatización en Perú (1990-2000)". Disponible en línea: www.fujimorialberto.com.
17. Borja, *op. cit.*, p. 1188.
18. Robaina, Roberto: *El gobierno de Lula: los límites del reformismo*, edición privada financiada con los recursos que por ley otorga el Instituto Federal Electoral de Brasil a las agrupaciones políticas nacionales, Unidad Obrera y Socialista, APN, 2004, p. 100. Para México, Ediciones ¡Uníos!, www.unios.org.mx.
19. *Ibid.*, p. 47.
20. "Biografías de líderes políticos". Disponible en línea: www.cidob.org/bios/castellano/indices/indices/htm.
21. Henry J. Hyde, republicano por Illinois y presidente del Comité de Relaciones Internacionales de la Cámara Baja, advirtió el año pasado que el nuevo

Notas

presidente de Brasil podría sumarse a Chávez y Castro en un nuevo "eje del mal". Hyde dijo que Da Silva era un "radical pro-castrista quien por motivos electorales se hizo pasar por moderado": *El Universal*, enero 20 de 2003.
22. Lula también recibió amenazas de muerte del Frente de Acción Revolucionaria Brasileña (FARB), el mismo que secuestró y asesinó a Celso Daniel, su principal asesor y "cerebro" del PT, en enero de 2002, poco antes de iniciar la campaña presidencial. Celso fue encontrado con el rostro completamente desfigurado y con varios impactos de bala. *El Universal*, 21 de enero de 2002.
23. "Carnaval en Brasil tras victoria de Lula", *El Universal*, octubre 28 de 2002, y "Carnaval fuera de época", *El Universal*, enero 2 de 2003.
24. Wallerstein, Immanuel: *La crisis estructural del capitalismo*, Contrahistorias. La otra mirada de Clío, México, 2005, p. 187.
25. "El partido viene madurando año con año. ¿Tú crees que un padre que trata a sus nietos mejor de lo que trataba a los hijos es porque no quería a sus hijos? No. Es porque maduró. Él no necesita más castigar a los niños para educarlos", dijo además en una entrevista que concedió. Véase "Yo cambié junto a Brasil", *El Universal*, octubre 7 de 2002.
26. "Fortalecen lazos Lula y Bush", *El Universal*, junio 21 de 2003.
27. "Desaprueba Latinoamérica gestión de Bush", *El Universal*, octubre 23 de 2003.
28. "El maestro violinista Marques Sobrinho, integrante de la Real Academia de la Música Brasileña, se acercó al presidente electo Luiz Inacio Lula da Silva y le enseñó a tomar el instrumento. El fotógrafo Sebastiao Moreira, del periódico *Estado de Sao Paulo*, registró el momento y al otro día la foto fue portada bajo la leyenda: 'el instrumento de poder'": "El día que 'Lula' tocó el violín con la derecha", *El Universal*, diciembre 4 de 2002.
29. "Es evidente que tan gigantesca superganancia (ya que se obtiene por encima de la ganancia que los capitalistas exprimen a los obreros de su 'propio' país) permite corromper a los dirigentes obreros y a la capa superior de la aristocracia obrera... los corrompen y lo hacen de mil maneras, directas e indirectas, abiertas y ocultas. Esta capa de obreros aburguesados o de 'aristocracia obrera' enteramente pequeñoburgueses por su género de vida, por sus emolumentos y por toda su concepción del mundo, es el apoyo principal... de la burguesía." Lenin, V. I: *El imperialismo, fase superior del capitalismo*, Ediciones El Caballito, México, 2002, p. 19.
30. "Mi hermano Cuauhtémoc: Lula", *El Universal*, septiembre 30 de 2002.
31. "Lo pronostican la mayoría de las encuestas: el llamado 'voto útil', que en la elección presidencial del 2000 fue vital para el triunfo histórico de Vicente Fox, no volverá a apoyar al ahora presidente ni a su partido en los comicios federales de julio próximo y quedará 'suelto' como un apetitoso botín que se disputan varios partidos políticos. Conformado en su mayoría por votantes

de izquierda y electores de tradición antipriísta que votaron por Fox, no por convicción, sino porque lo consideraron como la única opción para 'sacar al PRI de Los Pinos', esa franja de electores anda en busca de opciones y su comportamiento será un factor de equilibrio en la futura integración de la Cámara de Diputados. Según análisis de la votación del 2 de julio del 2000, de cada 10 personas que votaron por Fox, se estima que tres eran de gente de izquierda, antipriístas o, incluso, alguna franja de voto priísta volátil que compraron la propuesta de un 'cambio'. Eso significa que de los 15 millones 889 mil 636 votos que obtuvo el ahora presidente, 33 por ciento —5.3 millones— fueron sufragios del 'voto útil' que ahora, en la próxima elección, no tendrán un destinatario fijo y se repartirán entre distintas opciones." Salvador García Soto, *Crónica*, febrero 22 de 2003.

32. "Ante la gran provocación que es el desafuero, apuestan a que nosotros actuaremos de manera irresponsable, que perderemos la cabeza y que podrán desatar una campaña, acusándonos de rijosos y violentos... la estrategia de nuestros adversarios —y hay hasta documentos sobre eso— supone que ante el desafuero, caeremos, como ya dije, en la trampa de tomar medidas radicales que asusten a la gente y perdamos el respaldo popular que hoy tenemos... Por eso es muy importante, amigas y amigos, compañeras y compañeros, definir con claridad nuestra postura y delinear con mucho cuidado las acciones que llevaremos a la práctica para defender la voluntad popular y el derecho a decidir de los mexicanos... Por eso, nuestro propósito debe ser mantener y acrecentar el respaldo popular que hoy tenemos y evitar, a toda costa, el desgaste. Debemos fortalecer nuestro movimiento; se trata de convencer y de aglutinar a más gente a favor de un cambio verdadero. Tenemos que actuar, por eso, con mucha inteligencia y con mucha decisión. Nada de violencia. Nada de caer en provocaciones. Este movimiento es, ha sido y será pacífico." Andrés Manuel López Obrador frente a Palacio Nacional, abril 7 de 2005. Disponible en línea: www.amlo.org.mx/noticias/discursos.html?id=17289.

33. "La capacidad de gravar los ingresos de capital ahorrados (por ejemplo, ingresos no sujetos a los impuestos sobre el consumo) se verá reducida si el capital puede trasladarse al extranjero, a jurisdicciones donde escapa a la tributación... las inversiones pueden hacerse a través de paraísos tributarios con leyes estrictas de protección del secreto bancario... En la década de 1990, la competencia por atraer inversión externa ha llevado a un número cada vez mayor de países (103 en 1998) a ofrecer franquicias tributarias destinadas específicamente a empresas inversionistas extranjeras... tales paraísos tributarios 'para la producción' permiten que las trasnacionales perciban la mayor parte de sus ingresos del extranjero libres de impuestos del país huésped... De manera que la verdadera tasa impositiva sobre los ingresos... procedentes del extranjero está muy por debajo de la tasa nominal de

Notas

35% vigente en los Estados Unidos." Avi-Yonah, Reuven: "Globalización y competencia tributaria: implicaciones para los países en desarrollo", *Revista de la CEPAL* (ONU), núm. 74, agosto de 2001, pp. 62-63.
34. "Venezuela, el fisco y Coca-Cola", en BBC Mundo, febrero 16, 2005. Disponible en línea: www.news.bbc.co.uk/hi/spanish/business/newsid_4270000/4270247.stm.
35. La deuda externa de Venezuela creció 30% en términos nominales de 1996 a 2004, al pasar de 34 117 millones de dólares a 44 546 mdd. La inversión extranjera directa, por su parte, cayó de 5 645 mdd en 1997 a 1 866 mdd en 2004, mostrando incluso una caída de -244 mdd en 2002. La "petrolización" de este país es tan aguda que sólo logra crecer mientras se mantienen relativamente estables los precios del hidrocarburo, pero en cuanto bajan o se desploman, entra en recesión. Ejemplo de esto son las tasas de crecimiento de -0.2% en 1996, 0.3% en 1998, -6.0% en 1999 y -8.9% en 2002, años marcados no sólo por la violencia política sino también por la baja en las cotizaciones del barril. *Estudio económico de América Latina y el Caribe*, CEPAL (ONU), 2004-2005, anexo estadístico.
36. "El sistema capitalista puede compararse con un imperio cuya cobertura es más global que la de cualquier imperio anterior. Gobierna toda una civilización y, como en otros imperios, quienes están fuera de sus murallas son considerados bárbaros." Soros, George: *La crisis del capitalismo global*, Plaza & Janés, México, 1999, p. 135.
37. López Obrador, Andrés Manuel: *Un proyecto alternativo de nación*, y PRD: *Programa de la Revolución Democrática*, Instituto de Estudios de la Revolución Democrática, México, 1993, pp. 5-41. Un ejemplar de este programa lo conseguí directamente en las oficinas del partido en marzo de 1994.
38. Schuettinger, Robert, y Butler, Eamonn F.: *4,000 años de controles de precios y salarios*, Atlántida, Buenos Aires, 1979, 265 pp.
39. "El talante diplomático de Bush con México fue percibido el pasado 23 de marzo en Waco, Texas, durante la reunión trilateral de los países de América del Norte, cuando respondió a una pregunta sobre la elección mexicana de 2006: está dispuesto a trabajar con quien elija el pueblo, incluido un gobierno de izquierda. Algo parecido dijo aquí Rice durante su primera visita como secretaria de Estado a Latinoamérica, el 10 de marzo, y lo repitió en el diario estadounidense *The Washington Post* el día 27: 'Como decía en México hace unos días, no es un problema si los gobiernos proceden de la izquierda o la derecha; mientras sean electos democráticamente, vamos a lidiar con ellos'... El 9 de marzo, Condoleezza Rice concedió otra entrevista a la cadena Univisión, un día antes de viajar a México... Lourdes Meluzá le preguntó: '¿Le preocupa la marcada tendencia hacia la izquierda en América Latina?'... La respuesta fue: 'Todo eso está dentro del contexto del juego democrático, que los países elijan, que los pueblos elijan a sus dirigentes. Se trate de la iz-

quierda, la derecha, el centro derecha o el centro izquierda, en tanto se halle dentro de la estructura democrática de esos países, creo que Estados Unidos debe respetar eso. Además mantenemos muy buenas relaciones, por ejemplo, con el presidente Lula de Brasil'. La declaración de Rice también ocurrió días después de que Manuel Camacho Solís, asesor del jefe de gobierno del Distrito Federal, dijera en Washington que, de ser electo López Obrador, buscaría una política exterior moderada y de cooperación con Estados Unidos... López Obrador ha demostrado que es de izquierda cuando le conviene criticar al actual gobierno, pero en los hechos asume posiciones de derecha si sabe que sacará beneficios." Revista *Vértigo*, año V, núm. 211, abril 3 de 2005, pp. 54-56.

40. Las razones de por qué no espero una gran devaluación a finales de sexenio y por qué pronostiqué en la televisión en el año 2000, a través de diversos comentarios entre enero y junio de ese año, que el dólar bajaría pasando las elecciones sin importar quién ganara (Labastida con el PRI o el PAN con Fox), las expongo con más detalle en el primer capítulo de mi libro *Los demonios de la transición*, también publicado por Editorial Diana.

41. Según datos del Banco de México (www.banxico.org.mx), el dólar al mayoreo (spot a 48 horas) se cotizó el 11 de septiembre de 1998 en $10.64. El 4 de agosto de 2005, en $10.59. Es decir, un deslizamiento nominal de -5 centavos en ocho años a pesar de la crisis asiática de 1997-1998, el desplome de los precios del petróleo que llevó a la mezcla mexicana a menos de nueve dólares el barril, y la recesión en EU de 2001.

42. "A intervalos regulares, se ha procedido a incinerar los billetes, muy usados, con cierta ceremonia, en los jardines del Banco Central de Afganistán. En una de esas ocasiones, se soltó un ventarrón mientras se realizaba esa ceremonia, y salió volando del jardín una lluvia de billetes que se fueron a posar sobre los afortunados paseantes de la plaza Pushtunistán... éste es el único caso que yo conozca de dinero que cae del cielo", dice el economista M. J. Fry en "Monedas fuertes y monedas débiles", *Monetaria*, Centro de Estudios Monetarios Latinoamericanos (CEMLA), México, vol. XV, núm. 1, enero-marzo de 1992, p. 32.

43. "El Estado tendrá un Banco Central que será autónomo en el ejercicio de sus funciones y en su administración. Su objetivo prioritario será procurar la estabilidad del poder adquisitivo de la moneda nacional... Ninguna autoridad podrá ordenar al banco conceder financiamiento": artículo 28, Constitución Política de los Estados Unidos Mexicanos.

44. Algunos investigadores aseguran que dotar de independencia a un Banco Central es un acto que puede ser motivado no sólo por razones de tipo económico, como lograr la estabilidad macro, sino fundamentalmente por motivaciones de tipo político, sobre todo si se trata de un régimen autoritario. Delia M. Boylan, de la Universidad de Chicago, asegura: "Una vez que sa-

Notas

ben que tienen los días contados, las élites autoritarias... conceden la democracia con una mano, mientras la escamotean con la otra... cuando saben que un cambio de régimen es inminente, se puede esperar que decreten un banco central independiente para atar las manos a gobiernos sucesivos... El grado de autonomía que se otorgue al Banco Central variará de acuerdo con la intensidad de la amenaza democrática... cuando la amenaza es relativamente distante, la autonomía será sólo parcial, pero cuando la llegada de la democracia es inminente, la autonomía será total". M. Boylan, Delia, en *Política y gobierno*, Centro de Investigación y Docencia Económica (CIDE), vol. V, núm. 1, pp. 47-94.

Estas palabras definitivamente resultaron proféticas en el caso de México: cuando estalló la guerrilla en enero de 1994, el gobierno de Carlos Salinas de Gortari envió al Congreso la iniciativa para darle al Banco de México una autonomía parcial que entró en vigor en abril de ese mismo año. Sin embargo, fue durante el sexenio de Ernesto Zedillo y ante la inminente pérdida del poder (1999) cuando se le dotó de autonomía total para mantener el curso de la política monetaria y libre flotación que el régimen autoritario había mantenido hasta entonces.

45. "La nueva política descansa en... el derecho a la acción preventiva contra enemigos reales o potenciales... El presidente no tiene intención alguna de permitir que ninguna potencia extranjera cierre la gigantesca ventaja que ha logrado EU desde la caída de la Unión Soviética." *The National Security Strategy of the United States of America*, septiembre de 2001.

Capítulo IV: Las verdaderas amenazas

1. El repudio que se ganaron los ex presidentes Luis Echeverría (1970-1976) y José López Portillo (1976-1982) no sólo fue por la corrupción y autoritarismo de sus gobiernos, sino también porque con sus políticas populistas dieron al traste con el famoso "desarrollo estabilizador" que logró tasas de crecimiento por momentos superiores al 7% anual (una de las más altas del mundo), combinadas con una inflación de 3% en promedio durante casi todo ese periodo, que se extendió de 1946 a 1970. El desorden de las finanzas públicas para entrar a lo que algunos analistas han calificado humorísticamente como el "desarrollo desestabilizador" (1970-1988), fue fundamental: el número de empresas estatales pasó de 329 en 1970 a 1 152 en 1982; el gasto público, de 17.4% a 38% del PIB; el número de burócratas, de 640 mil a 4 millones 400 mil, un incremento muy por arriba del crecimiento de la población; la deuda externa, de 4 mil a 105 mil mdd. Las consecuencias fueron catastróficas: la inflación acumulada en la década de los ochenta superó el 2 100% y el crecimiento se contrajo -2% en promedio. Sobre el tema, véase Ortiz Mena, Antonio: *El desarrollo estabilizador: reflexiones sobre*

Perredistas al poder

   una época, FCE, México, 1998, 408 pp., y Cárdenas, Enrique: *La política económica en México, 1950-1994*, FCE, México, 2000, 1a. reimpr., 236 pp.
2. *La Jornada*, mayo 2 de 2005.
3. Esas apreciaciones del gobernador de Chihuahua están avaladas por las encuestas de Mitofsky en todo México que le dan ventaja a AMLO sobre los candidatos del PRI y PAN no sólo en el DF, sino también en el norte, centro y sur del país. Para más detalles véase www.consulta.com.mx.
4. *Idem.*
5. "Estrategia de campañas electorales", conferencia dictada el 11 de diciembre de 2004 en el auditorio de la Escuela de Graduados en Gerencia Política de la Universidad George Washington de los EU, en Washington, D. C.
6. Casillas, Carlos Enrique: *Voz y voto*, núm. 145, marzo de 2005, pp. 9-13.
7. "Tenemos muy claro que si en las elecciones del 2 de julio de 2006 participa 40 por ciento del electorado, quizá gane el PRI, pero si participa 50 por ciento, estaremos arriba, y si participa 60 por ciento, estamos con una ventaja... pero para que esto suceda debe haber un trabajo político", dijo Manuel Camacho Solís, asesor de AMLO, en una entrevista para la revista *Cambio*, año 5, núm. 145, febrero de 2005, p. 31.
8. Un ejemplo de lo peligroso que puede resultar para un candidato que depende de la movilización de votantes independientes no lograr que acudan a las urnas, es el de Santiago Creel. Según las encuestas, en la primera fase de la contienda interna para elegir candidato a la presidencia por el PAN, Creel le llevaba a su más cercano competidor, Felipe Calderón, una ventaja de 35 puntos porcentuales en agosto de 2005, unas cuantas semanas antes de que se llevara a cabo la primera fase de las votaciones, el 11 de septiembre. Ese día y en la segunda ronda, llevada a cabo el 2 de octubre, el abstencionismo fue del 65% del padrón panista. Sólo salieron a votar los panistas "duros", partidarios de Felipe Calderón, un panista "de *pedigree*". Esto le permitió acumular en dos rondas (de tres) un porcentaje de 48.5% contra 36% de Santiago Creel, quien después de estar 35 puntos arriba, se encontraba a esa fecha 12 puntos abajo. Por eso para López Obrador es crucial movilizar a las masas para ganar en 2006.
9. Por cada dólar que aumenta el barril de petróleo mexicano, ingresan a las arcas del gobierno entre 600 y 800 millones de dólares adicionales, dependiendo la plataforma de exportación. Sin excepción, en todo lo que va del sexenio foxista, las cotizaciones superaron año con año la meta oficial. En 2004 las autoridades y el Congreso estimaron el precio promedio de la mezcla de crudo mexicano en 20 dólares el barril y los ingresos por exportación en 14 340 mdd. Finalmente el barril promedió 31.02 e ingresaron 21 209 mdd. Para 2005 es probable que las cotizaciones cierren entre 10 y 15 dólares arriba de la meta oficial. Fuente: *Reporte de resultados financieros al 31 de diciembre de 2004*, Pemex.

Notas

10. "Discursos sobre la primera década de Tito Livio", en *Obras políticas*, Editorial de Ciencias Sociales, Instituto Cubano del Libro, La Habana, 1971, capítulo XVI, pp. 90-92.
11. López Obrador, *op. cit.*, pp. 32-39.
12. Pignotti, Darío: revista *Milenio*, núm. 263, septiembre 30 de 2002.
13. "En el golfo de México... Pemex ubicó 54 mil millones de barriles de petróleo crudo. Las reservas actuales son de 47 mil 314 millones de barriles. 24 mil millones se encuentran en tierra y 30 mil millones en el mar. De explotar esta zona, Pemex podría reincorporar en el 2007 el 75% de las reservas y el 100% en el 2010. Del 2000 al 2002 las reservas totales del país cayeron 5.7%, al año siguiente 4% y 1.6% en el 2004. Considerando el reto tecnológico que ello implica, Pemex sostuvo varios acercamientos con Petrobas, Shell, BP, Exxon-Mobil, Total Fina, Statoil y Repsol para posibles alianzas tecnológicas, y es que, a nivel mundial, sólo estas empresas disponen de la tecnología para perforar a profundidades de dos mil metros... La complejidad de los proyectos actuales demanda alianzas entre compañías para reducir costos financieros y avanzar en el desarrollo de nuevas tecnologías que reduzcan el costo de producción. El costo de explotación de cada pozo fluctúa entre los 50 y 100 millones de dólares; en tanto que el de producción varía entre los 10 y 12 dólares por barril. En cambio el de producción en aguas someras... es de 5 dólares con 20 centavos... en materia tecnológica es difícil acceder a ella sin alianzas y es que el equipo submarino debe operar por décadas a pesar de las condiciones hostiles de alta presión o baja temperatura... son equipos que no deben fallar, deben trabajar con relojería por décadas... A una distancia de 1.6 kilómetros de profundidad, el agua ejerce una presión de más de una tonelada por pulgada cuadrada... y debajo de los 600 metros, en cualquier parte del mundo, la temperatura puede llegar a dos grados centígrados... estas bajas temperaturas pueden generar hidratos que llegan a bloquear las tuberías. Entonces es todo un reto tecnológico mantener fluyendo los pozos... Una vez identificado el recurso prospectivo para poder obtener la producción puede llevar de dos a siete años dependiendo del lugar... En el mundo las zonas más perforadas con resultados positivos en aguas profundas son: Brasil, Indonesia, Reino Unido y la Costa Oeste de África... Shell, BP y Exxon-Mobil son los tres principales productores en aguas profundas, entre las tres suman alrededor de 1.5 millones de petróleo crudo equivalente por día." Carlos Morales, director de Pemex Exploración y Producción (PEP), en *El mundo del petróleo*, año 2, tomo 8, febrero-marzo de 2005, pp. 40-42. Sobre este tema véase también Shields, David: *Pemex, futuro incierto*, Planeta, México, 2003.
14. "El vicepresidente de Estados Unidos, Dick Cheney... confirmó que en el año 2000 la producción petrolera estadounidense cayó 39% por debajo del clímax alcanzado en 1970. La tendencia fue corroborada por el Departamen-

to de Energía de Estados Unidos al estimar que el ápice de la producción de crudo tendrá lugar en 2009, con 9.8 millones de barriles de crudo al día que descenderán a 8.8 millones de barriles diarios hacia 2025, cuando la demanda del energético habrá crecido en 40%." *Energía hoy*, año 2, núm. 14, mayo de 2005, p. 50.

15. "China se ha convertido en el segundo importador de crudo después de Estados Unidos. En 2004 sus importaciones registraron un aumento del 34.8%. Sin embargo, las importaciones chinas sólo representan el 34% de la demanda de los Estados Unidos... ¿por qué tienen un mayor impacto sobre los precios del petróleo las noticias sobre China que las referidas a Estados Unidos?... La explicación de este rol estelar cobrado por China en el mercado petrolero obedece al hecho de que en los últimos cinco años el 75% del incremento de la demanda que se ha generado se ha debido a países emergentes y principalmente de China. Las perspectivas sobre el consumo energético chino no sólo están determinadas por el crecimiento de su economía, sino que obedece también a la decisión del Gobierno Chino de adquirir petróleo equivalente a 30,000 millones de dólares, para la construcción de reservas estratégicas. En tres o cinco años, planean que las reservas de China podrían llegar hasta los 30 días de consumo, y hasta los 90 días en el año 2015, lo que representará unos 550 millones de barriles... Sin embargo, el mercado parece estar sobreestimando este potencial en lo que respecta al corto plazo, dado que la probabilidad de que el Gobierno Chino pueda empezar a construir de manera agresiva este stock de inventarios en el corto plazo es baja, en virtud de que los requerimientos de infraestructura que conlleva esta estrategia imponen limitaciones a su ejecución masiva e inmediata. Constituye, sin embargo, un elemento a vigilar de cara a los próximos años." *Latinwatch*, Servicio de Estudios Económicos, BBVA, segundo trimestre de 2005, p. 12.

16. *Criterios generales de política económica para la Iniciativa de Ley de Ingresos y el Proyecto de Presupuesto de Egresos de la Federación correspondiente al año 2006*, SHCP, México.

17. "La restricción monetaria terminó en julio de 1989, en medio de fuertes tensiones entre el banco central y el Poder Ejecutivo. Lo que se disputaba era el uso de las reservas de divisas para otra oleada de reactivación, en vista de las próximas elecciones municipales de noviembre de 1989 y de las elecciones presidenciales de principios de 1990. Entre los siete miembros del directorio del banco central, Coronado (gobernador del banco) perdió el margen de un voto que le había permitido aplicar la restricción crediticia desde septiembre de 1988 y renunció", dicen Edwards y Dornbusch respecto al caso Perú. *Op. cit.*, p. 339.

Respecto a Juan Domingo Perón, "Hacia 1954, la escasez de divisas, sólo era superada por la escasez de combustibles", dice Alejandro Garvie en *La economía peronista*, Longseller, Buenos Aires, 2002, p. 76.

Notas

18. En los sexenios priístas de 1970 al 2000, la deuda externa siempre superó en monto y como porcentaje del PIB a la deuda interna. Un ejemplo: en el 2000, último de la administración de Ernesto Zedillo, la deuda externa sumó 84 600 millones de dólares a valor presente (dólares de 2005) mientras la deuda interna fue de 67 500 millones de dólares. La externa representó 14% del PIB y la interna 11.6%. Así recibió Fox. Para el año 2005 las cosas cambiaron: la deuda externa fue de 75 525 millones de dólares y la interna de 116 mil mdd. La externa fue 10.1% del PIB y la interna 14.2%. Fuente: Vicente Fox, V Informe de Gobierno, septiembre de 2005, Anexo Estadístico, p. 301. Disponible en línea: www.hacienda.gob.mx/eofp/index.html.
19. "Para cualquier país, la razón por la que mantiene reservas desempeñará un papel muy importante en la planeación para manejar las reservas y decidir en qué forma deben ser invertidas... sería posible obtener rendimientos más altos (por ejemplo, mediante la inversión en la infraestructura interna del país)... Finalmente, por muy independiente que sea el Banco Central, las decisiones en último término... son tomadas usualmente por el gobierno, y estas decisiones, desde luego, tendrán consecuencias para el manejo de las reservas... los activos (en la mayoría de los casos) existen para ser usados... están ahí para ser usados en su totalidad si la persona que los controla, usualmente el ministro de Finanzas, desea que así sea, por lo que están allí para ser usados cuando él lo disponga." Nugée, John: *Manejo de las reservas de oro y divisas*, México, Centro de Estudios Monetarios Latinoamericanos, 2004 (Colección Ensayos, núm. 71), pp. 5-11. Disponible en línea: www.cemla.org/pdf/pub-en-71.pdf.
20. El 6 de octubre de 2005 solicité al Banco de México la información respecto a en qué tipo de instrumentos se encuentran invertidas las reservas de divisas. Me la negaron. Reproduzco aquí la respuesta que me dieron el 7 de octubre por correo electrónico:

"México, D.F., 7 de octubre de 2005

No. de respuesta: 009336

Estimado usuario,

La Unidad de Enlace del Banco de México, en ejercicio de las facultades señaladas en los artículos 61, fracción II, de la Ley Federal de Transparencia y Acceso a la Información Pública Gubernamental y 23 del Reglamento del Banco de México relativo a la referida Ley, así como en el artículo 31 Bis, fracciones I y VIII, del Reglamento Interior del propio Banco de México, y atendiendo a: ÚNICO. Con fecha 06 de octubre de 2005, número de folio 9336, realizó a Banco de México la solicitud que a continuación se transcribe: 'Cartera de instrumentos (nacionales y extranjeros) en los que están invertidas las reservas de divisas. Monto (valor nominal) y porcentaje respecto al total. Datos del año 2005.'

Hace de su conocimiento que el Comité de Información de este Instituto Central, ha resuelto negar el acceso a la información correspondiente a la composición e inversión de las reservas internacionales, mediante la resolución que a continuación se transcribe: 'El Comité, con fundamento en los artículos 61 de la Ley Federal de Transparencia y Acceso a la Información Pública Gubernamental, 23 del Reglamento del Banco de México relativo a la Ley Federal de Transparencia y Acceso a la Información Pública Gubernamental, y 31 fracción V del Reglamento Interior del Banco de México, confirma la clasificación de la Unidad Administrativa y, por lo tanto, no se otorgará el acceso a la información solicitada, toda vez que dicha información está clasificada como reservada con fundamento en los artículos 3, fracción VI, 13, fracción III, y 14, fracción I, de la Ley Federal de Transparencia y Acceso a la Información Pública Gubernamental, en virtud de que dicha información puede: 1) utilizarse para disminuir la efectividad o eficiencia de las acciones del Banco de México encaminadas a proveer a la economía del país de moneda nacional procurando mantener la estabilidad del poder adquisitivo de dicha moneda y promover el sano desarrollo del sistema financiero; 2) dar una ventaja indebida a terceros o que distorsionar o afectar la estabilidad de los mercados financieros, y 3) por su naturaleza pueda dar señales erróneas sobre la situación de los mercados, la economía o las intenciones del Banco Central. Adicionalmente, dicha información, por disposición de la Ley del Banco de México, debe considerarse confidencial.'

Atentamente,

Angel Monte Aja
Subgerente de Coordinación de la Información
(Por ausencia del Titular de la Unidad de Enlace, con fundamento en el último párrafo del Artículo 31 Bis del Reglamento Interior del Banco de México.)
Correo electrónico: notificaciones@ley.de.transparencia"

21. Esa es al menos la interpretación que le da Vittorio Mathieu, quien asegura que la frase de Keynes ha sido mal traducida; que se traiciona su espíritu, pues *out of duty* hace referencia al servicio público y no a que "todos estaremos muertos". Véase *Filosofía del dinero*, Rialp, Madrid, 1990, pp. 257-258.
22. Respecto al populismo de Alan García en Perú a través de la banca de desarrollo, Dornbusch y Edwards afirman algo que es muy típico en este tipo de

Notas

circunstancias: "El problema no era el monto de los subsidios por sí mismo, sino más bien el hecho de que una parte se había desperdiciado en el impulso de sectores que no lo merecían". *Op. cit.*, p. 327.

23. Véase Alejandro Encinas, V Informe de Gobierno y Presupuesto de Egresos del DF, 2005. Disponibles en línea: www.comsoc.df.gob.mx/documentos/V_informeencinas.html; www.finanzas.df.gob.mx/egresos/2005.

24. Este cálculo obviamente es muy sencillo y aspira simplemente a servir de ejemplo para darse una idea aunque sea imperfecta de lo que podría suceder a futuro. Los datos básicos para hacer la estimación fueron tomados de *Proyecciones de la población de México 2000-2050*, Conapo. Disponible en línea: www.conapo.gob.mx/00cifras/5.htm.

25. "La existencia de pasivos contingentes por parte del sector público puede llegar a modificar la postura fiscal en forma sustancial... El superávit primario contemplado en esta simulación resulta insuficiente para reducir la deuda pública como proporción del producto, la cual termina el año 2025 en un nivel de 168.8% del PIB... En este sentido, no se necesita de choques negativos a la política fiscal que sean muy cuantiosos como para llevar fácilmente a la política fiscal hacia una senda insostenible. Bastaría con una reducción prolongada en el precio del petróleo como la que se observó en 1998, o la asunción de otras obligaciones como los Pidiregas, para convertir la actual política fiscal en insostenible." Santaella, Julio: "La viabilidad de la política fiscal: 2000-2025", en Fernández M., Arturo (coord.), *Una agenda para las finanzas públicas de México*, ITAM, México, 2000, pp. 37- 65.

ESTA EDICIÓN SE TERMINÓ DE IMPRIMIR
EL 13 DE FEBRERO DE 2006 EN
ACABADOS EDITORIALES
INCORPORADOS, S.A DE C.V.
ARROZ 226 COL. STA. ISABEL INDUSTRIAL
C.P. 09820, MÉXICO, D.F.